花きの
計量経済
分析

編著

水野勝之　土居拓務

本田知之　井草　剛

三恵社

目次

第1章　花き産業の現状

第1節　花きとは何か？

第1項　花きの定義

　この第一章では花き産業の概略を説明していくが、その前に花き産業の商品である「花き」とは何かをご説明したい。「花き」は漢字では「花卉」と書き、「卉」とは草の総称のことである。従って、「花卉」には、被子植物の生殖器である「花」だけではなく、葉や茎などその他の植物の器官も含まれているであろうことが示唆される。なお、「卉」は常用漢字ではないため、一般的には「花き」と表現されるが、本書でも以降は「花き」で統一したい。それでは、花きとは何かであるが、「花きの振興に関する法律（平成26年法律第百二号）」において、花きとは、「観賞の用に供される植物」と定義されており、具体的には、図表1－1に示す通り、切り花類、鉢もの類、花木類、球根類、花壇用苗もの類、芝類、地衣植物類をいい、花のついた植物だけではなく、庭木や盆栽、観葉植物など見て楽しむための植物は全て花きの定義に含まれることとされている。一方で、花であっても、例えば、刺身のツマなどに添えられる食用花や油用に生産される紅花は花きとは見なされない。

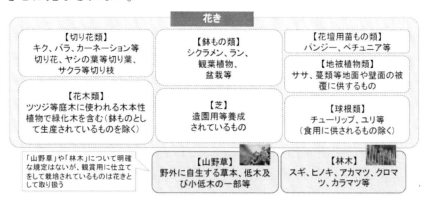

図表1－1　花きの定義

資料：農林水産省（2021）『花きの現状について』

第2項　花きの利用の起源

　「観賞の用に供される植物」である花きの利用は、今日において欧米、アジア、南米、アフリカなど世界中のあらゆる国で見ることができ、植物の持つ美しさに惹かれるということは人類の持つ普遍的・本能的な感覚なのかもしれない。では、人類による花きの利用の歴史はいつから始まったのだろうか。人類の最初の花きの利用の痕跡は、約7年万前に遡る。

　イラク北部のシャニダー洞窟で発掘された約7万年のネアンデルタール人の骨格の周辺の土壌サンプル中で花粉の塊が見つかった。この発見から、考古学者らはネアンデルタールが花葬をしていたという仮説を提言しており、ネアンデルタール人は頭が悪く、残忍であったという見方に一石を投じたと同時に、人類が約7万の前から花きを冠婚葬祭に使用していた可能性を提示している（ネアンデルタール人は現生人類の直系の祖先ではないが）。その次に古い人類の花きの使用の形跡は、1万2000年前のイスラエルまで大きく進むことになる。イスラエル北部のカルメル山の洞窟ナトゥーフ文化の墓地で献花の跡が見つかっている。その後も、世界中のあらゆる文明において花きは献花や装飾など様々な形で人類に利用されてきており、日本においても古事記に「神武天皇が百合の花を摘んでいる娘に惚れて嫁にした」という記述があるなど、その歴史は花きと共にあり、華道や盆栽など日本独自の花きにまつわる文化も誕生・発達した。

第3項　市場における「商品」としての花きの特性
（1）花き奢侈品か？

　これほど地理的・歴史的・文化的に普遍性を持って人類に利用されている花きであるが、野菜や穀物などの食物である他の農業産品とは異なり、鑑賞用であり人間が生きていくのには必要のない「奢侈品（贅沢品）」であると見なされている。例えば、総務省が毎年実施している家計調査においても切り花は「教育・娯楽」にカテゴライズされており、家計において余剰資金がその購入に充てられることが前提とされている。このように一般的に奢侈品と見なされている花きはミクロ経済学で定義するところの奢侈品（所得が増加するとエンゲル係数が上昇する上級財かつ需要の所得弾

力性が 1 より大きい弾力的な財）にも該当するのだろうか。ここでは、そ
れを確認することを試みたい。

　図表 1－2 は世帯当たりの平均所得と切り花の平均支出金額の推移を示
したものであり、グラフ全体的（長期的）に見ると両者は互いに正の相関
関係を有していることが見て取れる。

　ここで、1998～2018 年の 21 年間の 1 世帯当たりの両者の変化率から需
要の所得弾力性を算出してみると、切り花の需要の所得弾力性は図表 1－
3 に示すように 2.08 と 1.0 より大きくなっており、この期間において切り
花はミクロ経済学的な定義においても奢侈品であったと言えることが示
された。一方、2010～2018 年の 9 年間を見てみると、世帯当たりの所得
が 2010 年の 538 万円から 2018 年の 552.3 万円と 3%上昇している一方
で、切り花の支出金額は 2010 年の 1 万 111 円から 2018 年の 8255 円と
18.4%も減少している。また、図表 1－2 からも両者がこの期間において正
の相関関係になかったことは明白である。このように世帯所得が増加傾向
にあったにも関わらず支出金額が減少し続けたということから、2010～
2018 年の 9 年間においては、切り花は、奢侈品としては挙動していない
ことが示されている。

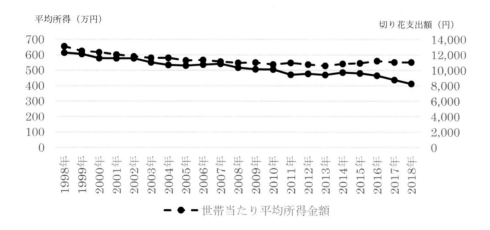

図表 1－2　世帯当たりの平均所得金額と切り花の購入金額

注. 世帯当たりの平均所得金額は厚生労働省「国民生活基礎調査」、世帯当たりの切り花の購入金
　　額は総務省「家計調査年報」より作成。

図表1-3　切り花は奢侈品か?

	長期的（21年間）	短期（9年間）
期間	1998-2018	2010-2018
所得弾力性	2.08	-6.91
奢侈品か?	Yes	No

　現実社会は、ミクロ経済学（消費者理論）が仮定するような単純な世界ではない。現在の日本の状況を考慮すると、切り花と所得との関係性よりも、切り花の需要の減少には日本人の所得の変化よりも、日本人のライフスタイルの変化の方がより強力に寄与しているためと考えた方が自然である。例えば、切り花の需要は、プレゼントや冠婚葬祭など習慣に強く結びついているものであるため、特にライフスタイルの変化の影響を受けやすい。結婚式などのイベント数の減少（注1）が進むにつれ、花を使う機会も徐々に少なくなってきているのであろう。

　また、図表1-4は2020年の世帯当たりの年間収入と切り花の購入金額の関係性を示したものであるが、このような横断的な観察においても世帯収入と切り花の購入金額の間に連動性は見受けられない（最小二乗法で近似式を引くと傾きはマイナスとなったが、決定係数は非常に低く、両者の関係性は薄い）。

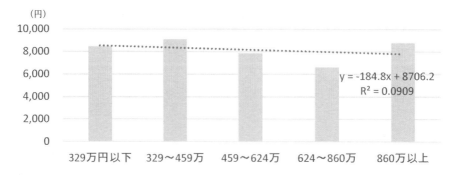

図表1-4　世帯当たりの年間収入と切り花の購入金額の関係

注. 総務省「家計調査年報」より作成。

（2） 投機の対象となってきた花き

　面白いことに花きは歴史的に特定の花ブームというものを繰り返しており、新品種が考えられないような高値で取引されたことがある。最も有名な例は 17 世紀のオランダにおけるチューリップ・バブルであり、当時トルコからオランダに持ち込まれたチューリップの球根の価格が異常に高騰し、球根 1 つとの交換に対して 5ha の土地の申し出があったという記録も残されているが、その後突然売りが殺到し価格は急激に下落し、借金をして球根を購入していた者が破産するなど、国家全体の経済に対して影響があったとされている。

　これが歴史に残った最初のバブル事件であるとされているが、その 100 年後にも同じくオランダにおいてヒヤシンスに対する投機が発生している。なぜこのような投機が発生したのかについては、ジャーナリスト、経済学者などにより多くの説が論じられているが、ここでは「花き」という商品に着目して投機が発生したかの理由の説明を試みたピーター・ガーバーの説（1989 年）を紹介したい。ガーバーは、17 世紀のチューリップ・バブルと 19 世紀初頭のヒヤシンスバブルとを比較し、その双方の価格の挙動に共通性を見出した。いずれとも新種としてもたらされた当初に価格の高騰が生じており、その後の 30 年間以内でピーク時の価格の 1〜2%までに低下するものというものである。これは新種の導入当初は生産が少ない一方で、目新しさから人々の関心が高まり需要と供給の乖離が高まることで価格が上昇し、その後生産量の増加と新種への人々の関心の低下（慣れ）により価格が落ち着くためとされている。

　ガーバーは近年（1987 年）でも少量の試作品であるユリの球根が 48 万米ドルで取引されたという事例を挙げ、このような現象は現代でも起こっていることであり、花の新種（品種）が導入される際の価格の特有のボラティリティであると主張している。もちろん、全ての新種（品種）の導入時に異常な価格高騰がりが起こっているわけではないし、このようなバブル事件が花きのみに起こっているわけでもないので、ガーバーの説は花き全般に一般化できるものではないし、花きの特有の価格ボラティリティと

いうことだけでチューリップやヒヤシンスのバブル事件の全てを説明しているとは言いがたい。しかしながら、このように近年も含めて繰り返し投機の対象となっているということは花きと商品を考える上で特筆すべき特徴の1つであることは間違いない。

第2節 日本の花き産業の構造・特徴

第1項 日本の花き産業の構造の概要

　日本の花き産業は、図表1-5の通り、生産→卸売り→小売り→消費者というのが基本的なの産業構造となっている。生産については、切り花を中心にコロンビア、中国、マレーシアなどの海外からも輸入されているが、金額ベースでいうと輸入分はわずか13%（518億円）となっており、約9割（3484億円）は国内で生産されている。また、国内生産分の内訳については、約6割が切り花類であり、次いで鉢もの類が3割、花壇用苗もの類が1割となっている。

　流通に関しては取扱金額の 73.6%(3396 億)が卸売市場を通って、小売に供給されているというのが大きな特徴となっている。この背景には、花きは、品目が非常に多いということに加え、小売構造が零細であるということがある。花屋をはじめとした小売業者が、一般消費者からの多種多様な要望を叶えるためには、季節や各種イベントに合わせて多くの種類の花を常時用意しておく必要がある。一方、生産者サイドからすると、施設投資やランニングコストを抑えるため、一定の花の種類を専門的かつ大量に生産することが効率的である。そのため、両者をつなぐ役目として、他品目の花きを生産者から買い取り小売業者にボリュームを持って供給する卸売市場が発達し、今も必要とされている。

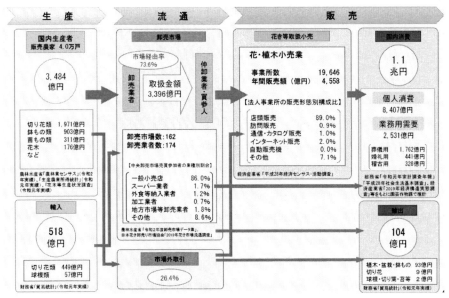

図表1−5 花きの生産・流通・販売の主な流れ

資料：農林水産省（2021）「花きの現状について」

　卸売市場や仲買人を介して小売業者まで届けられた花きはその 76%（8407 億円）が個人消費に回わり、残りの 24%（2531 億円）は冠婚葬祭や華道の稽古用などの業務用として消費される。なお、花きは海外に輸出もされているが、国内消費に比べると金額ベースで 1% 未満であり、その大部分は中国、ベトナム、香港などに向けた植木・盆栽・鉢ものが占めている。

第2項　生産分野の動向

　日本の花きの産出額は、図表 1−5 に示す通り、1955 年からの約 40 年間は増加傾向で推移したが、1998 年の 4734 億円を境に減少に転じ、その後の 2020 年までの 22 年間は漸減傾向が続いている。これは、図表 1−1 に示した 1998 年の世帯当たりの切り花の支出金額は漸減が続いていることと合致しており、消費者の需要減少と連動しているものと考えられる。なお、図表 1−1 には示していないが、世帯当たりの切り花の支出金額は 1997 年頃まで長期的な増加傾向であり、このことも産出額の動きと一致

する。

　2020年においては、4月以降に新型コロナウィルスパンデミックによる冠婚葬祭や各種イベントなどの需要の減少したことにより切り花の市場取扱金額の下落が観測されたが、その後の経済活動に伴い回復傾向が見られ通年としては対前年比約94.4%の3080億円という結果になっている。2020年の全体の農業産出額が対前年100.4%の8挑9333億円で着地したことを考えると、花きは農業産品の中でもパンデミックの負の影響を比較的大きく受けた分野の1つと言えよう。

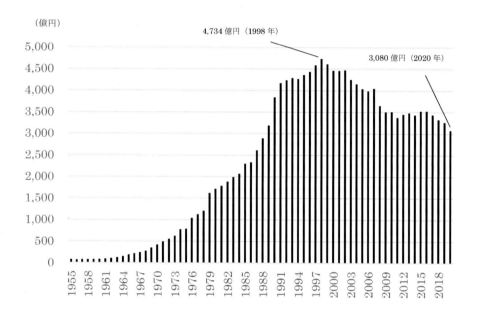

図表1－6　花きの産出額の推移
注. 農林水産省「生産農業所得統計」より筆者作成。なお、花木等の産出額は含まれていない。

　また、花きの産業は他の農業と同じく、生産者数が大幅に減少しており、高齢化・担い手不足が深刻化している。図表1－6が示す通り、花き生産農家は2000年〜2020年の20年間で88千戸から40千戸と約54%減少している。なお、販売農家全体としても、2000年〜2020年の20年間で、234千戸から93千戸と約60%減少しており、農業全体の生産農家の減少

スピードに比べると花き産業における生産農家の減少スピードはやや緩やかと言える。また、この花き生産農家数の減少傾向は図表 1−6 で示した花き産出額、図表 1−2 で示した世帯当たりの切り花の支出金額がそれぞれ減少している時期が一致する。

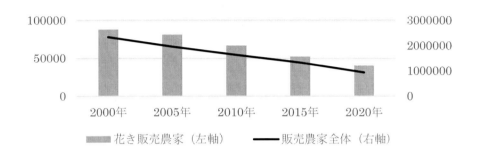

図表 1−7　生産農家（花き）数と生産農家（全体）数の推移

注. 農林水産省「農林業センサス」、「花きの現状について」（令和 3 年 9 月）より筆者作成。なお、
　　　販売農家とは、経営耕地面積が 30a 以上または農産物販売金額が 50 万円以上の農家である。

　花きの生産形態は品目によって様々であるが、最も取扱金額の大きい切り花においては、施設園芸（ビニールハウスやガラス温室など資源環境条件を制御しながら栽培する園芸のこと）の形で行われることが大半である。そのため、花き生産の大きな課題の 1 つとして、施設園芸で多くの燃料が使用されることが挙げられる。

　図表 1−8 は農林水産省による経営費に占める燃料費の割合の試算であるが、ばら生産においては燃料費が 35％にも達している。これは農業の他品目生産や他産業と比べても非常に大きい数字であり、燃料費が経営を圧迫しているだけではなく、気候変動対策の観点からも燃料使用量の低減を図ることが望まれている。そこで、農林水産省は、燃油使用量の 15％以上削減目標とのその達成に向けた取組を定める「省エネルギー等対策推進計画」を定めた産地（施設園芸農家 3 戸以上または農業従事者 5 名以上で構成する農業者団体等）を対象として、燃油価格が一定基準を上回った場合に補填金を支給することで、燃油使用量削減へのインセンティブを生産者

に与えるとともに、燃油価格高騰時のセーフティネットを提供している。

図表1−8　農業経営費における燃料費の割合

農 業	ピーマン	24%
	ばら	35%
	マンゴー	23%
漁 業	いか釣（沿岸）	23%
他産業	タクシー	7 %
	トラック	4 %

資料：農林水産省（2021）「花きの現状について」

第3項　流通分野の動向

　日本の花きの流通については、先述の通り、卸売市場の経由率が約7割と非常に高いことが大きな特徴となっている。図表1−9から、青果や水産物の卸売市場経由率が平成7年（1995年）と比べると大きく減少している一方で、花き産業の卸売市場経由率は依然高い水準を保っていることが見て取れる。

図表1−9　農水産物の卸売市場の経由率の推移（%）

品目／年度	H7	H12	H17	H22	H26	H27	H28	H29	H30
青　果	74.0	70.4	64.5	62.4	60.2	57.5	56.7	55.1	54.4
野菜	80.5	78.4	75.2	73.0	69.5	67.4	67.2	64.3	64.8
果実	63.4	57.6	48.3	45.0	43.4	39.4	37.7	37.6	35.8
水産物	67.6	66.2	61.3	56.0	51.9	52.1	52.0	49.2	47.1
花　き	81.9	79.1	82.8	83.4	77.8	76.9	75.6	75.0	73.6

資料：農林水産省（2021）「花きの現状について」

　しかしながら、花きにおいても卸売市場経由率は緩やかな漸減傾向にあり、卸売市場の取扱量も1998年の5549億円から、2020年には3175億円と4割以上も減少しており、卸売市場や卸売業者の廃業が相次いでいる。1990年に251カ所あった花き卸売市場は2010年には174カ所、2020年には111カ所に減少している。

一方、図表1−10が示す通り、花き小売り価格は小売経費が約5割と非常に高いことが特徴となっているが、これについては、花束への加工賃がかかることのほか、商品ロス（フラワーロス）が多いことが要因であるとされている。フラワーロスについては正確な数量データは把握されてはいないが、ロス率は一般的な生花店で約3〜4割程度であろうと言われており、新型コロナウィルスによるパンデミックにより花の需要が落ち込んだことを契機に、2020年以降さらに広く着目されることとなった。

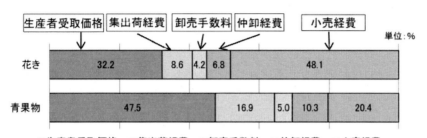

図表1−10　青果物及び花きの小売価格の構成比（試算）の比較
資料：農林水産省（2021）「花きの現状について」

　実際、そのことをきっかけとして、フラワーロスの解消に着目した生産者と消費者を直接つなぐビジネスが立ち上げられている。例えば、生産者による消費者への直販EC「食べチョク」を展開している株式会社ビビッドガーデンは、その花き版である「花チョク」を2020年6月に開始し、花き生産者による消費者へECプラットフォームを提供している。また、株式会社RINは、2020年4月に「Flower cycle marche」というECプラットフォームを開始し、規格外として捨てられる予定の生花やそれを原材料としたドライフラワーを「ロスフラワー」として購入者に提供している。また、Flower cycle marcheでは、サブスクリプション（定額サービス）方式も導入しており、従来のプロダクトアウト型ではないロスの少ない受注生産に近い形での花の提供も行っている。このような生産者と消費者を直接つなぐようなビジネスモデルは、フラワーロスの削減だけではなく、生産者が消費者のニーズをよりダイレクトに把握することにより、マーケット

イン型の花きビジネスの実現にも寄与することが期待される。

　花き産業におけるインターネット販売は直販かどうかなどの流通経路に関わらず、小売段階で全体の2％に過ぎず、店頭販売が89％を占めている。しかしながら、ポストコロナ時代に対応しながら花きの需要を確保するとともにしていくためには、インターネットによる花きの販売を拡大していくことも重要であると考えられる。例えば、農林水産省が令和2年（2020年）に実施した「花や緑の効用・家庭とオフィスへの導入状況に関する調査」によると、花き購入のための利用意向として「インターネット受付」が最多の18％から選ばれており、ついでデリバリーサービスが17％となっており、花きのインターネット販売の潜在的なニーズがあることが示されている。また、先述の通り、花は必需品ではなく奢侈品（経済学的にというより一般的に）であるため、同じく奢侈品を扱うアパレル産業などと同様に時代のトレンドに合わせたマーケティングを行い消費者への訴求とニーズ把握を行うことが重要である。パンデミックにより消費者行動のデジタル化が加速した昨今においてはソーシャルメディア等を駆使したオンラインでのマーケティングの重要性が高まっているが、奢侈品である花きもそれに対応していくことが求められている。このようなオンラインでのマーケティングによる効果をシームレスに顧客の購買につなげるという観点からもWEB販売の需要は今後も増していくであろう。

第4項　花きの消費の動向

　世帯当たりの切り花の購入金額は長期的に減少傾向にあり、1998年-2020年の23年間の間に1万2268円から8152円へと減少している。

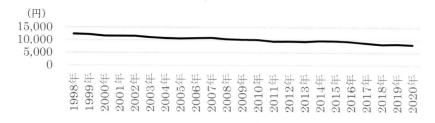

図表1－11　世帯当たりの切り花の購入金額の推移

注．総務省「家計調査年報」より筆者作成。

また、世帯所得と切り花の購入金額には関係性は見られないが、図表1－12の通り、世帯主の年齢別で見ると、世帯主の年齢が上がるにつれて切り花の購入金額が増加することが示されている（最小二乗法による近似直線の傾きもプラスとなっており、決定係数も 0.92 と高い）。逆に言うと、若年齢層であるほど切り花を購入しないことが見て取れる。

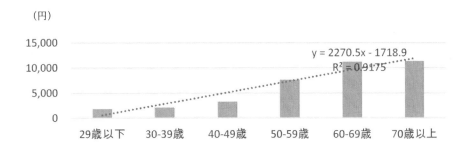

図1－12　世帯主年齢別の切り花の年間購入額
注. 総務省「家計調査年報」より筆者作成。

　これらのことより、戦後に普及した日本人の花きを使う文化・習慣が、昨今のライフスタイルの変化による失われつつあり、より最先端のライフスタイルで生活する若年層がより花きの利用から縁遠くなっているという実態が垣間見れる。
　縮小傾向になる花き需要に対して、農林水産省は、特にパンデミック以降に「花いっぱいプロジェクト」を開始し、SNS を通じた国民への需要喚起を行っている。農林水産省職員による花き需要喚起を呼びかける動画がYouTube 上で 99 万回再生（2021 年 12 月時点）されたほか、各種団体、企業、地域による花き需要喚起のための取組や、先述したようなフラワーロスに着目した新たなビジネスの誕生などの社会的な動きに繋がっている。
　また、海外市場の需要を獲得するため、農林水産省は 2020 年 4 月に改正した「花き産業及び花きの文化の振興に関する基本方針」において、現状の 104 億円（2019 年）の輸出額を 2030 年に 200 億円、2035 年に 450

億円にする目標を掲げており、検疫協議による輸出先国の拡大や、海外の市場情報の収集、長距離輸送に耐えうる品質管理技術の開発・改善などが進められている。

第3節 結び

　本章は、花きが何であるかを概説するとともに、日本の花き産業の生産・流通・消費構造の概要を説明した。その中で、日本の花きについては、近年生産・消費ともに減少傾向にあることを示した。日本経済のバブル崩壊は 1991 年頃と言われるが、雇用者報酬が減少に転じ家計部門の悪化が開始したのは 1998 年と言われており、花き生産量と消費量（切り花の購入額）が共に 1998 年をピークに減少に転じていることは偶然ではなく、家計部門の悪化と連動したと見るのが自然である。家計支出自体が縮小する中で花きへの支出が減ることは仕方がないことのようでもあるが、1998 年以降全ての品門への支出が減少しているわけではなく、支出が伸びている品目もある。例えば、切り花と同様に生活に本質的には必要のない娯楽に分類される文化施設、遊園地への支出は、1998 年以降も伸びており、切り花とは対照的である。一見、文化施設・遊園地と花きを比較することには違和感があるかもしれないが、支出の目的がその体験を通じて心理上の喜びや満足を得るという娯楽であることには違いはない。そのため、花き産業の需要を喚起する上では、文化施設・遊園地などの他の産業がなぜ不況下でも消費を維持・増大できたかのか、どのような取組が行われたのかを学ぶことも重要となろう。

脚注
（注 1）厚労省「人口動態統計」によると、婚姻数は 1972 年の 109 万 9984 組を境に減少が進み、2018 年には 58 万 6481 組と過去最低を記録している。

第2章　花き（鉢物）生産における全要素生産性
ラチェット効果分析－2財生産モデル－

第1節　序

第1項　花き生産の概要

　本章は、日本の花き市場、中でも鉢もの市場（洋ラン、シクラメン、きく、プリムラ、ベコニア：花き流通統計調査報告での分類）を対象に生産側の分析を行う。日本の花きの用途は近年変化している。贈答用から観賞用へ、そして観賞用から育成用へと変化している。それに従って、生産側もイノベーションを続けている。第1のイノベーションとして、球根を国産にこだわる改革もあれば、球根を輸入に頼る仕組みを考えた生産者もいることがあげられる。また、第2のイノベーションとして、品種改良も盛んである。用途に応じて新しい品種が必要になってくる。その品種を生み出すためのイノベーションが起こった。第3のイノベーションは、大量生産のイノベーションである。生産性の向上が図られた。

第2項　市場分析の目的

　これらのイノベーションが行われたが、その速度がどれほどのものかを明らかにした研究はほとんどなかった。著者たちが開発したモデルを活用する。生産関数に1次同次ではなく、それ以外の次数でも対応できるようにした。その特性を利用して、前述のイノベーションを定量的に見える化する。まず、各鉢植えの植物の分類を行い、それらの生産の収益率を計算する。収益率の低い花きについては生産構造の改良の努力を促す。そして、各花きについてイノベーションの大きさを測定する。つまり、各鉢植えの花の生産の技術進歩率を測定する。技術進歩率の高低は、花きの質の向上を左右する。落ち込んできた花き市場について、これからも伸ばしていくためには技術進歩が不可欠であることを示す。

第3項　経済理論の精緻化（注1）

　著者が確立した理論を活用する。水野（1986）は一般化残差法を開発、その計測方法も開発した。全要素生産性伸び率が1次同次で計算されていたものを1次同次以外や非同次でも成り立つように世界で初めて改良した。H.Theil のシステムーワイド・アプローチに基づいて展開した理論である。この理論を日本の花きの生産に応用する。花きの生産理論において行うのは初めての試みである。前述の、収益率及び技術進歩率をこれらの理論に基づいて計測する。

　2017 年日本経済学会春季大会で試作の全要素生産性ラチェット効果理論（注2）を披露したが、その際は全要素生産性ラチェット効果の存在だけの紹介の論であった。その理論の研究を進め、ここでは各花きの種類別生産でラチェット効果の存在を確かめるとともに、その大きさの実証も行った。その結果、花き生産においては経済衰退期に技術進歩率が向上するという全要素生産性ラチェット効果が働くことを定量的に明らかにした。

第4項　先行研究

　全要素生産性の伸び率の計測の研究については黒田昌弘をはじめ多々ある。それらは省きここでは日本の花きについての経済分析の先行研究を2点あげておく。

　日本での花きの経済学での分析は多くない。日本の花きについての先行研究には次のような分析がある。新里（2018）がチューリップについての経済理論的分析を行っている。富山県の名産であるチューリップの輸出力について、貿易モデルを使いながら本場のオランダ等との比較分析を行っている。縦軸に価格、横軸に数量を取って、取引均衡点の時系列的な軌跡を図示し、チューリップの需給う分析を行った。

　金子（2009）は、本章のような鉢植えではなく、切り花についての経済分析を行った。ただし、生産面からのアプローチではなく消費からのアプローチをとっている。ここでは、切り花についての生産アプローチの立場をとる。

第2節　経済モデル

第1項　システムーワイド・アプローチとその推定

　日本の各種花き農家の生産の収益性を計測するための分析方法として、H.Theil の考案した経済理論のシステムワイドアプローチを応用する。変数を微分形で示した投入物の需要を表す需要関数である。つまり、生産要素の投入需要方程式である。利潤最大化の条件で成り立っている。この分析手法の特徴は次のようである。生産関数の1次同次で計算されていたものを1次同次以外や非同次でも成り立つように応用展開できる理論であると著者たちは考えている。システムワイドアプローチの生産の投入需要方程式のうち、労働の投入についての需要式を示す（注3）。

$$f_L \mathrm{dlnL} = \gamma \theta_L \mathrm{dlnY} + \pi_{LL}\ (\mathrm{dln\,p_L - dln\,p\,k}) \qquad (2-1)$$

　この式は、左辺が労働 L の増加率（dlnL）、右辺第1項が生産量 Y の増加率（dlnY）、そして右辺第2項が労働価格 p_L の上昇率（dlnp$_L$）から資本ストック価格 p_K の上昇率（dlnpk）を差し引いたもので形成されている。労働のシェアが f_L である（左辺は、このシェアと労働の増加率を乗じた変数となっている。）。θ_L は限界シェアと呼ばれ、費用の増加率に占める労働の増加率の割合である。γ は、費用に対する収入の割合であり、収益率を意味する。価格の係数 π_{LL} はスルツキー係数である。この式を各花の生産データで計算すれば、パラメータ推定値として収益率 γ が計算できる。

　これに日本の花きのデータを当てはめる。その理論を使って日本の花き農家の収益率を測定することができる。実際の計算の対象は、洋ラン、シクラメン、きく、プリムラ、ベコニアである。日本の 1992 年から 2006 年までのデータを利用して計算した。鉢物の分類、データの期間とも、農林水産省花き流通統計調査報告による（注4）。データとして労働者数には農家数、資本ストックには収穫面積（注5）、労働者価格には「総価額÷農家数」そしての計算値、資本価格としては実質金利を利用した。推定には、エクセルの OLS を用い、その推定結果は次の通りであった。

図表2-1　推定結果

	パラメータ $\gamma\theta_L$	t値	パラメータ π_{LL}	t値	決定係数
洋ラン	0.8532	6.2795	-0.8912	-9.5224	0.8831
シクラメン	0.4301	7.404	-0.4613	-7.6189	0.8388
きく	0.9182	19.1639	-0.9599	-14.8463	0.9749
プリムラ	0.6322	14.1776	-0.5961	-11.8402	0.9442
ベコニア	0.8203	14.6026	-0.9487	-25.2379	0.9845

　決定係数はいずれも当てはまりが良いことを示している。 t値に関して、プリムラ、ベコニアで有意でない値が散見されるが、おおむね良好である。第1項の生産量のパラメータの符号はすべてプラス、そして第2項の価格パラメータの符号については理論通りすべてマイナスである。統計的結果として理論通りの常識的なものとなっている。

第3節　収益率と技術進歩率　(注6)

第1項　収益率比較

　図表2-1の推定結果から、各花の収益率を見る。ここで収益率は γ である。

$$\gamma＝収入/費用$$

　この値が1より大きければ収益が大きく、1より小さければ収益が少ないと解釈できる。
　数式（2-1）第1項のパラメータが $\gamma\theta_L$ である。 γ の値を求めるには、これを θ_L で割ればよい。 θ_L についてもっとも簡単な求め方は、CES生産関数を仮定することである。その場合、 $f_L＝\theta_L$ という関係が成り立つ。 f_L

を計算すればよい。その平均値を θ_L の値として用いた。　このような方法によって計算された収益率 γ を花ごとにまとめたのが図表2-2である。

図表2-2　収益率の計測

洋ラン	0.9271
シクラメン	0.4324
きく	0.9271
プリムラ	0.6373
ベコニア	0.8251

　洋ラン、きく、ベコニアの3種類が0.8〜0.9台、そしてシクラメンとプリムラがそれよりも低くなっている。しかし、いずれも1に届いていない。つまり、花の生産農家では費用のほうが収益よりも大きい状態になっている。

第2項　技術進歩率の比較
　各花について規模の弾力性を計算する。図表2-2（収益率）の逆数が規模の弾力性となる。

図表2-3　規模の弾力性

洋ラン	1.1698
シクラメン	2.3129
きく	1.0786
プリムラ	1.5692
ベコニア	1.2119

　この結果を見るとすべての花が n 次同次の n が1よりも大きく（注7）、規模に関して収穫逓増となっている。理論上は、生産すればするほど利潤

が上がるという意味ではあるが、需要がなければ生産増、ひいては利潤増も伴わない。各農家は利益を簡単に挙げられているという状況にはなっていない。

　この規模の弾力性を用いて各花の技術進歩率（全要素生産性伸び率）を計算する。

$$\rho = d\ln Y - 1/\gamma \; (f_K d\ln K + f_L d\ln L) \qquad (2-2)$$

　生産量全体の伸びから投入量の伸びの加重平均（$f_K d\ln K + f_L d\ln L$）を差し引いている。ただし、水野（1986）の開発した一般化残差法ではそのまえに規模の弾力性 $1/\gamma$ が乗じられている。

$$d\ln Q = f_K d\ln K + f_L d\ln L$$

　この式の中の Q はディビジア数量指数と呼ばれている。Theil は dlnQ をディビジア数量指数と呼んでいる。数式（2-2）を使い各花の技術進歩率を計算する。ただし、残差の平均がゼロとなり、この値が調整されていることから、「相対的技術進歩率」（絶対的な値ではない）と見なす。その結果を図表2-4に示した。

洋ラン

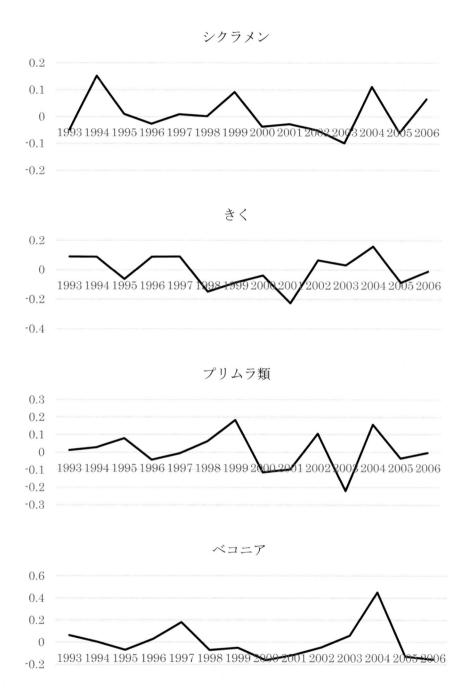

図表 2−4　相対的技術進歩率（全要素生産性伸び率）の推移（各別，1993−2006 年）

各財（花き）の相対的技術進歩率（全要素生産性伸び率）の年平均値を求めると次になる。

洋ラン	シクラメン	きく	プリムラ	ベコニア
0.0173	0.0065	-0.0040	0.0072	-0.0014

　洋ランの年平均が 1.7％と一番大きい。他の花きの技術進歩率は大きくない。きく、ベコニアがマイナスになっているが、0.4%、0.1%のマイナスなので技術が後退しているとまでは言えない。

第4節　ラチェット効果の分析

　花き生産の衰退期に全要素生産性のラチェット効果が働いたかどうかを見てみよう。全要素生産性のラチェット効果とは、数式（2-2）において経済衰退期で右辺第 2 項のディビジア指数がマイナスの時 $1/\gamma$ が大きければ、ディビジア指数の符号のマイナスと第 2 項の前のマイナスが打ち消しあってプラスとなり、全要素生産性伸び率、つまり相対的技術進歩率をプラスに押し上げる効果があるという、筆者らの発見した効果である。

　全要素生産性伸び率（相対的技術進歩率）とディビジア数量指数の対応関係を見てみよう。

図表 2－5　全要素生産性伸び率（相対的技術進歩率）

年次	技術進歩率				
	洋ラン	シクラメン	きく	プリムラ	ベコニア
1993	**0.0702**	-0.0481	**0.0896**	**0.0113**	**0.0618**
1994	**0.0811**	**0.1516**	**0.0886**	**0.0280**	**0.0033**
1995	**0.1189**	**0.0097**	-0.0632	**0.0788**	-0.0699
1996	**0.0829**	-0.0267	**0.0885**	-0.0432	**0.0286**

年次	洋ラン	シクラメン	きく	プリムラ	ベコニア
1997	**0.0089**	**0.0084**	**0.0893**	-0.0065	**0.1790**
1998	-0.0117	**0.0017**	-0.1490	**0.0620**	-0.0715
1999	**0.1563**	**0.0917**	-0.0875	**0.1826**	-0.0514
2000	-0.0045	-0.0373	-0.0402	-0.1151	-0.1627
2001	-0.0024	-0.0276	-0.2276	-0.0982	-0.1142
2002	**0.0542**	-0.0506	**0.0641**	**0.1048**	-0.0474
2003	**0.0038**	-0.0990	**0.0306**	-0.2217	0.0591
2004	-0.2471	**0.1109**	**0.1584**	**0.1567**	**0.4503**
2005	-0.1186	-0.0594	-0.0874	-0.0351	-0.1296
2006	**0.0497**	**0.0656**	-0.0101	-0.0032	-0.1546

図表2-6 ディビジア数量指数

年次	ディビジア指数				
	洋ラン	シクラメン	きく	プリムラ	ベコニア
1993	**0.0241**	0.0096	**-0.0236**	**0.0093**	**-0.0110**
1994	**0.0137**	**-0.0098**	**-0.0085**	**-0.0005**	**-0.0349**
1995	**-0.0966**	**-0.0248**	-0.0230	**0.0333**	-0.0042
1996	**-0.0182**	0.0046	**0.0011**	-0.0501	**0.0069**
1997	**0.0476**	**0.0149**	**-0.0576**	-0.0089	**-0.1339**
1998	-0.0349	**-0.0200**	-0.1016	**-0.0627**	-0.0949
1999	**-0.0463**	**-0.0307**	0.0870	**0.0004**	0.0000
2000	-0.0077	-0.0158	-0.0775	0.0094	0.0000
2001	-0.0013	-0.0107	0.2335	-0.0186	0.0000
2002	**-0.0388**	0.0001	**-0.3253**	**-0.0283**	0.0000
2003	**-0.0459**	0.0000	**-0.2428**	-0.0390	0.0000
2004	0.1923	**-0.0216**	**-0.0792**	**-0.0398**	**-0.4740**
2005	0.0068	-0.0221	0.0659	-0.0644	0.0767
2006	**-0.0516**	**-0.0397**	0.0265	-0.0682	0.0986

図表 2−5 の全要素生産性伸び率のプラス時に対応するディビジア指数
（図表 2−6）を下線（太字）にした。

　34 回の全要素生産性伸び率のプラスに対してそのうちディビジア指数
は 26 回マイナスだった。全要素生産性がプラスになったうち 4 分の 3 の
割合で全要素生産性のラチェット効果が働いたことが分かった。花きの生
産では、市場がおぼつかなくなると技術進歩がなされてその危機を乗りき
ってきたといえよう。全要素生産性のラチェット効果理論とは、産業衰退
時に技術が進み、衰退を防ぐため、産業の大きな落ち込みを回避できるこ
とである。花きでは、市場が衰退しそうになると、栽培技術、球根などの
輸入への移行など、大きなイノベーションが行われ、花き生産の落ち込み
を防いできた。

　それを数量的に分析する。図表 2−5 で下線（太字）にしている部分の
うち、ラチェット効果が働いた時（ディビジア指数がゼロの時は含まない）
の相対的技術進歩率とディビジア指数について回帰分析を行った（OLS）。

$$TFP = 0.0571 - 0.497 dlnQ$$

　　　（3.3059）　　　（-3.7713）

　　R²=0.3721　　　S=0.0720

注.括弧内の数値は t 値を示している。

　この関係を見ると、投入量（ディビジア数量指数）が 1％減ると 0.5%分
TFP が増えるという関係が見て取れる。花きの生産農家においては、生産
要素の投入量が減ると、技術進歩を進める工夫がなされて、ラチェット効
果となっていると言える。

第5節　結び

　本章では、全要素生産性に関するラチェット効果を花きの生産において
考察した。ここであげた花きの種類においては、すべて収益率が 1 よりも
低く、規模に関して収穫逓増であった。大規模生産構造にあるとは言えな

い。しかしこの事実が逆に幸いしている点を見出した。技術進歩率を測定した結果、全要素生産性のラチェット効果が働いていることが分かった。このことから日本の花き生産農家は、需要の変化、外国からの輸入等に翻弄されつつも、技術進歩を積み重ねて、安定的に花きを供給しているといえよう。ただし、たとえこのラチェット効果の利きが悪くなっても、収益が1よりも大きくなるような生産構造を作ることが望まれる。

　最後に規模の弾力性の効果について触れておこう。数式（2－2）において、規模の弾力性が大きいほど、ラチェット効果が大きいことが分かる。ディビジア指数部分がマイナスならば、規模の弾力性が大きいほど全要素生産性伸び率は大きくなる。しかし、ディビジア指数部分がプラスの時、規模の弾力性が大きいと全要素生産性伸び率は小さくなる。つまり、逆に作用してしまっているのである。本章では、全要素生産性に関するラチェット効果理論の研究がまだ緒についたところである。今後、ディビジア指数部分がマイナスのときのラチェット効果のケースだけでなく、花きおよびその他の財における数量的分析をより深めていき、技術進歩率と実体経済の関係の解明を進め、経済の発展に寄与していくこととしたい。

補論（データ）

Go Igusa, Katsushi Mizuno ,Yukie Morita（2019）と同じデータを用いている

洋ラン価格　花き流通統計調査報告　政府統計

　鉢植えデータを使用（1鉢あたり。単位は円）

洋ラン出荷量　品目別作付面積及び出荷量累年統計（昭和51年〜）総務省統計局

　鉢植え出荷額データを使用。単位は円。

資本：花き生産出荷統計（農林水産省）

　栽培面積(a)

資本価格：日本銀行調査統計局.

　金利（国債新発債流通利回 10年）

労働数：花き生産出荷統計（農林水産省）

　各花き生産の農家数(戸)

賃金

　農家1戸当たりの収入（総出荷額を農家数で除す）

脚注

（注1）Go Igusa, Katsushi Mizuno ,Yukie Morita（2019）では消費者理論か
　　　らこのシステムワイドアプローチを計算した。

（注2）右辺第2項の規模の弾力性 $1/\gamma$ の値が大きければ、やはり第2項
　　　のディビジア指数（生産要素投入量伸び率の加重平均値）がマイナ
　　　スであっても逆に左辺の全要素生産性伸び率は大きなプラスの値
　　　になるというもの。

（注3）システム－ワイド・アプローチの生産要素投入量の方程式に、ス
　　　ルツキーパラメータ制約を課した後の式である。労働について計算
　　　したのは、（注5）にもあるように、資本ストックは、機械設備では
　　　なく土地面積で代替したためである。労働について計算し、制約条
　　　件から資本ストック関係の数値を求めることにした。

（注4）平成20年度花き流通統計調査報告において、各花きについて1992-
　　　2006 年のデータしか掲載されていないため、その範囲内で計算し
　　　た。その後は花木等生産状況調査となる。

（注5）資本ストックについては土地面積を利用した。農業なので土地の
　　　面積の生産性が技術の高さを表しているという解釈である。

（注6）ここでは全要素生産性の伸び率について、技術進歩率と表現して
　　　いる。

（注7）$n=1/\gamma$ である。

第3章 日本の花き（鉢物）市場のマーケティング分析－6財消費モデル－

第1節 趣旨と先行研究

第1項 趣旨

　本章は、日本の花き市場の実態に注目する。日本人が財の消費に対して、価格を重視した合理的行動をとっているのかどうかを調べてみる。もしとっているようだったら、市場活性化のために経済学に即した方策をとればよい。しかし、そうでなかったら、経済学の理論に即した政策だけでは成果があげられないことになる。合理的行動という視点から、花き市場を分析する。

　本章の第1の目的は、日本の鉢物の花きについて、嗜好的品種か庶民的品種かの区分けを行うことである。対象は、洋ラン、シクラメン、きく、プリムラ類、ベコニア、デンドロビウム類である。

　第2の目的は、花きに対して、嗜好的品種、庶民的品種の消費で効用最大化の合理的行動が取られているかどうかを分析する。本章のオリジナルな手法として、各鉢物の消費の伸びについて実際値と最適値の差を指標化し、それを比較し、その乖離から、合理的行動がとられているか否かを分析する。

　これらを総合して、第3の目的は、日本の花きの現状の課題を踏まえ、将来の花き市場のあるべき姿を論じることである。目的2において効用最大化の合理的行動をとれていないものがあれば、それはなぜか、どうすれば効用最大化になるかを検討する。

　使う手法は、H.Theil（1980b）のシステム・ワイドーアプローチをベースとして、今回の花き市場を分析できるように独自に修正・発展させたモデルである。オリジナリティとしては、前述の指標をこのモデルに組み込んだ点があげられる。

　ただし、データの制約に関しては問題点がある。輸入に関しては「花き

の輸入は、切り花類が大半を占め」ていてかつ 2007 年の鉢物の総輸出額がわずか 51 億円のため、国内産のみを日本の花き市場と見なす。

第2項　先行研究

　今述べたシステム・ワイドーアプローチは Theil, H.（1980a）（1980b）で体系的にまとめられている。ここで用いる需要方程式は、この研究の中で生み出されたものである。各消費財の需要が、微分小変化形の変数で構成された式で表されているものである。しかし、そこでは理論や簡単な例を紹介するだけで、実際の市場分析に至るような適用は行っていない。

　日本の花き市場分析の先駆者のひとりに、Kaneko,N.,(2009)がある。花きの用途がギフトなど多様であり、その消費者行動を分析している。生活者は花きを購入する人としない人に明確に分けられる。買う人も、店や価格で選んでいるわけではなく、見た目、品種、実用性などが購入理由として挙げられる。つまり、価格いかんに関係なく買わない行動、買う時も価格に左右されない行動などをかんがみると、経済理論の合理的行動をとっていないということになる。本章では、鉢物について、消費者が合理的行動をとっているかどうかを検証する。

第2節　マーケティング分析

第1項　ハーフィンダール・ハーシュマン・インデックス

　ハーフィンダール・ハーシュマン・インデックスは市場の集中度を測る指標である。特定のブランドに集中して寡占化が進んでいる市場か、そうではないかがこの指標によって判明する。それを H で表せば次式となる。

$$H＝\alpha_1{}^2＋\alpha_2{}^2＋\alpha_3{}^2＋... \tag{3－1}$$

　α_1　α_2　α_3...はシェアを表す。この値が大きければ大きいほど、市場の集中度が大きいということになる。逆に、これが小さければ、競争状態に近いということになる。

日本では、花きが種類によって特定の使われ方をしてきたが、最近はその用途も広がりを見せている。特定の花に集中しているか否か、日本の花きブランドの分析にこのハーフィンダール・ハーシュマン・インデックスを当てはめることができる。日本の花き市場の集中度を測定することができる。

　ここで花き市場でこの H を使う意味は次の通りである。日本では用途ごとに花きの種類が決まっているとはいえ、最近はその垣根がかつてよりは低くなってきた。洋ランはかつてはお祝いものだったのが、葬儀用、趣味用、観賞用とその用途を広げてきた。日本における H の大きさを調べることにより、日本の花き市場に偏りがあるのか否かを検証し、洋ランを含む花きの在り方を考えていくきっかけとしたい。

　まず本章では、日本の花き市場での鉢物について、この指標を計算する。この時の対象変数は、日本の「国内で生産された鉢物花きに対する需要」である（本章は以下同様）。この指標は、各ブランドのシェアの 2 乗の合計となるので、たとえば、洋ラン、シクラメン、きく、プリムラ類、ベゴニア、デンドロビウム類の 6 種を対象にハーフィンダールの H を計算すると図表 3−1 のようになる。計算期間は 1992 年から 2005 年までである。

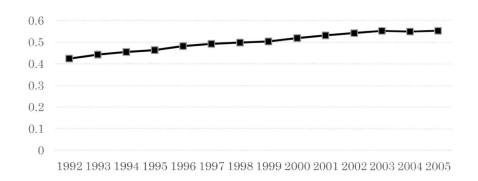

図表 3−1　ハーフィンダールの H

　花のブランド力の差の違いが大きいほど、人気の際立った花に集中しているほど、この H は大きくなる。逆に、花きの人気が分散し、集中するこ

とがなければ、このHは低くなる。

1992年には0.42、そして2005年には0.55と上昇している。結果として、寡占化が進んだといえる。それを解明しよう。

第3節　モデル分析

第1項　システムーワイド・アプローチでの分析

Theil(1980a)(1980b)のシステムーワイド・アプローチ理論を活用する。その理論の需要方程式は、微分形需要方程式の相対価格式で次のようにあらわされる。

$$w_1 d\ln q_1 = \theta_1 d\ln Q + \phi\theta_{11} d\ln\frac{p_1}{p_F} + \phi\theta_{12} d\ln\frac{p_2}{p_F}\cdots$$

$$w_2 d\ln q_2 = \theta_2 d\ln Q + \phi\theta_{21} d\ln\frac{p_1}{p_F} + \phi\theta_{22} d\ln\frac{p_2}{p_F}\cdots$$

$$\cdots\cdots$$

$$w_n d\ln q_n = \theta_n d\ln Q + \phi\theta_{n1} d\ln\frac{p_1}{p_F} + \phi\theta_{n2} d\ln\frac{p_2}{p_F}\cdots \qquad (3-2)$$

q_1：洋ラン数量、q_2：シクラメン数量、q_3：きく数量、q_4：プリムラ数量、q_5：ベコニア数量、q_6：デンドロビウム数量、p_1:洋ラン価格、p_2：シクラメン価格、p_3：きく価格、p_4:プリムラ価格、p_5：ベコニア価格、p_6：デンドロビウム価格

数式(3-2)において、$d\ln p_F = \theta_1 d\ln p_1 + \theta_2 d\ln p_2 + \cdots$はフリッシュ価格指数、$d\ln Q$はディビジア数量指数であり、$d\ln Q = w_1 d\ln q_1 + w_2 d\ln q_2 + \cdots$で表される。また、$\phi$は所得の伸縮性である。ここで、$w_i$（i=1,2、3、・・）は、予算シェア（予算に占める各財のシェア）、θ_{ij}(i=1,2, j=1,2)は限界シェア（予算が増えたときにそれに応じて各財のシェアがどれだけ増えるかの割合）を表す。各制約として、次のように、足すと1に

なることがあげられる。

$$w_1 + w_2 \cdots + wn = 1 \qquad (3-3)$$
$$\theta_1 + \theta_2 \cdots + \theta n = 1 \qquad (3-4)$$

　実際の推定は、以下の絶対価格式で行う。これは相対価格式と同値である（注1）。

$$w_1 dlnq_1 = \theta_1 dlnQ + \pi_{11} dlnp_1 + \pi_{12} dlnp_2 + \cdots$$
$$w_2 dlnq_2 = \theta_2 dlnQ + \pi_{21} dlnp_1 + \pi_{22} dlnp_2 + \cdots$$
$$\cdots\cdots\cdots\cdots\cdots\cdots\cdots\cdots$$
$$w_n dlnq_n = \theta_n dlnQ + \pi_{n1} dlnp_1 + \pi_{n2} dlnp_2 + \cdots \qquad (3-5)$$

　ここで、パラメータ制約であるスルツキーの対称性を考慮する。その制約を前提に (3-5)式を制約付 3 段階最小 2 乗法で推定する。第 6 財に当たるデンドロジウムの価格は、右辺第 2 項の価格変数から差し引き、第 6 式は推定しない。第 6 式のパラメータはパラメータ制約から求まるからである（注2）。

$$w_1 dlnq_1 = \theta_1 dlnQ + \pi_{11}(dlnp_1 - dlnp_6) + \pi_{12}\ (dlnp_2 - dlnp_6)$$
$$+ \cdots \pi_{15}\ (dlnp_5 - dlnp_6)$$
$$\cdots\cdots\cdots\cdots\cdots\cdots\cdots\cdots\cdots\cdots\cdots$$
$$w_5 dlnq_5 = \theta_5 dlnQ + \pi_{51}(dlnp_1 - dlnp_6) + \pi_{52}\ (dlnp_2 - dlnp_6)\ + \cdots \pi_{55}$$
$$(dlnp_5 - dlnp_6)$$

$$-(3-5)'$$

　(3-5)′式の推定結果は次の通りである。推定期間は、1992 年-2006 年である（注3）。デンドロビウムについては、（3-4）式および（注2）の制約条件より次のように求まる。

図表3-2　θ_iとπ_{ij}の推定値（鉢植えのケース）

	θ_i	洋ラン価格	シクラメン価格	きく価格	プリムラ類価格	ベゴニア類価格	決定係数
洋ラン	0.7789	-0.1026	0.0508	0.0141	0.0084	-0.0123	0.9893
シクラメン	0.0789	0.0508	-0.0796	0.0130	0.0103	-0.0108	0.8016
きく	0.0142	0.0141	-0.0228	-0.0022	-0.0022	0.0102	0.6288
プリムラ	0.0374	0.0084	0.0103	-0.0022	-0.0076	0.0064	0.5404
ベゴニア	0.0164	-0.0123	-0.0108	0.0102	0.0064	-0.0058	0.1939

図表3-3　標準誤差

	ディビジア数量指数	洋ラン価格	シクラメン価格	きく価格	プリムラ類価格	ベゴニア類価格
洋ラン	0.0210	-0.1026	0.0107	0.0070	0.0082	0.0073
シクラメン	0.0171	0.0107	0.0107	0.0055	0.0065	0.0053
きく	0.0105	0.0070	0.0047	0.0047	0.0044	0.0042
プリムラ	0.0113	0.0082	0.0065	0.0044	0.0067	0.0045
ベゴニア	0.0164	-0.0123	0.0053	0.0042	0.0045	0.0055

図表3－4

	ディビジア数量指数	洋ラン価格	シクラメン価格	きく価格	プリムラ類価格	ベゴニア類価格	デンドロビウム価格
デンドロビウム	0.0742	0.0416	0.0163	0.0029	-0.0154	0.0124	0.0164

　　よって、（3-5）式の右辺第1項のパラメータである限界シェアは次のようになった。

$\theta_1 = 0.7789$　　　　$\theta_2 = 0.0789$　　　$\theta_3 = 0.0142$　　　$\theta_4 = 0.0374$　　　$\theta_5 = 0.0164$

$\theta_6 = 0.0742$

それぞれのパラメータを計算すると、上記の制約条件、および所得の伸縮性であるϕを-0.5とおくと、以下のようになる（注4）。

図表3－5　θ_{ij}

	洋ラン	シクラメン	きく	プリムラ類	ベゴニア類	デンドロビウム
洋ラン	0.8118	-0.0402	-0.0172	0.0123	0.0374	-0.0252
シクラメン	-0.0402	0.1654	-0.0249	-0.0177	0.0228	-0.0265
きく	-0.0172	-0.0249	0.0046	0.0049	-0.0202	0.0670
プリムラ	0.0123	-0.0177	0.0049	0.0165	-0.0122	0.0336
ベゴニア	0.0374	0.0228	-0.0202	-0.0122	0.0118	-0.0232
デンドロビウム	-0.0252	-0.0265	0.067	0.0336	-0.0232	0.0485

第2項　花きの所得弾力性

　いずれの花が嗜好的品種で、いずれが庶民的品種かを調べるため、それぞれの所得弾力性を計算する。$\theta i/wi$ が所得弾力性にあたる（注5）。　ここでの対象品種について計算すると、図表3−6となる。

図表3−6　花きの所得弾力性

洋ラン	1.1432
シクラメン	0.4325
きく	0.7203
プリムラ	1.0819
ベコニア	0.5276
デンドロビウム	1.4592

　所得弾力性が1を超えれば嗜好的品種、1より小さければ必需品である。ここでは、1より大きければ同様に嗜好的品種とみなすが、1より小さい場合は庶民的品種とみなす。嗜好的品種には洋ランとデンドロビウムが入り、庶民的品種にはシクラメン、きく、ベコニアが入る。プリムラは境界線上となる。

　次のこれらの花きのシェアの変化を見てみよう。それらを時系列でみるのではなく、花の間の比較であるため、シェアの w_i は平均値をとる。

図表3−7　シェアの変化

年	洋ラン	シクラメン	きく	プリムラ類	ベコニア	デンドロビウム
1992年	0.6061	0.2195	0.0266	0.0407	0.0465	0.0606
2006年	0.7293	0.1653	0.0144	0.0272	0.0231	0.0407
変化	0.1232	-0.0542	-0.0122	-0.0135	-0.0234	-0.0199

　金額のシェアが増えているとはいえ、数量については洋ランは1994年から2004年まで生産量が20000千鉢を超えていた。それが落ち込み始め、

2015 年には 16000 千鉢にまで減っている。洋ランの豪華さをめでるという傾向にはならず、嗜好的品種として扱われ続けているようだ。他方、1990年代前半は 17000 千鉢台だったシクラメンが、2000 年を超えると 20000千鉢台を継続している。こうした動きある。

第3項　花きについての合理的経済行動の可否

　　ここで、限界シェアの実際値と最適値の乖離率を計算する。そのために実際の限界シェアに当たる数値を計算する。実際の wi に対応した θi の計算方法が Theil,H.(1980b)の 49 ページにある。その計算方法は次のようになる。

$$w_i = a_i + b_i \ln Y \qquad (3-6)$$
$$\theta_i = a_i + b_i(1+\ln Y) \qquad (3-7)$$

Y：花きの総出荷額（総消費額）

　　各 wi に応じて毎年の θi を計算することができる。これらを実際の限界シェアとみなすことができる。a_i, b_i は上式を 6 種の花きについて計測したときのパラメータ値である。上式を通常最小 2 乗法で推定した。

図表 3-8　（3-6）式のパラメータ a,b 推定値（注 6）　推定期間 1992-2006 年

	a	b
洋ラン	-0.4511	0.0454
シクラメン	1.1362	-0.0383
きく	-0.0095	0.0011
プリムラ	-0.1689	0.0082
ベコニア	0.5776	-0.0219
デンドロビウム	-0.0814	0.0053

これを使って下式より各限界シェアを計算する。その限界シェアを前に求めた効用最大化の時の限界シェアからの乖離率を計算し、その絶対値について平均をとったものが次表である。

図表3-9　限界シェアの実際値と最適値の乖離率

洋ラン	シクラメン	きく	プリムラ類	ベコニア	デンドロビウム
0.0685	0.8193	0.3387	0.1665	0.3903	0.2458

　花きの所得弾力性の値から判断した、嗜好的品種の部類の洋ラン、デンドロジウムの乖離率が低く、庶民的品種のシクラメン、きく、ベコニアの乖離率が高い。花きについて、消費者は嗜好的品種については正確な判断をして消費をしてるが、庶民化している商品については、経済的合理行動をとっていないということが言えよう。つまり、後者については、Kaneko,N.,(2009)での結論のように、価格に左右されず、見た目などの嗜好で消費を決めていることが推察される。

第4節　結び

　本章では花きの種類の2分化、それらに対する(国内生産下記に対する)消費行動の2分化を明らかにできた。種類の2分化については、嗜好品が洋ランとデンドロビウム、庶民的品種が、シクラメン、きく、ベコニアと区別できた。

　また、消費行動の2分化については、嗜好品とも思われる洋ランやデンドロビウムは用途がしっかり決まっているため、消費者の合理的行動に沿った消費がなされている。それに対して、庶民的品種である、シクラメン、きく、ベコニアは、合理的な消費行動にそっているとはいえず、見た目、品種、実用性を目的に選ばれていると見受けられた。こうした2分化を明確にでき、シクラメン、きく、ベコニアの庶民的品種には Kaneko,N.,(2009)の理論が当てはまっていることを証明できたことは本章の成果の一つで

ある。

　生産者側の供給を安定させるために、庶民的品種について消費者側も合理的な経済活動に沿う必要がある。経済理論に適合した市場を作ることにより、効率的な需給システムが働くことになる。見た目、品種、実用性に加えて、価格も影響するような消費行動を促すことも一つの手段である。そのことにより、経済理論に沿った政策が花き市場で有効になり、花き市場をより一層活性化させることが可能になるからである。

課題はデータの制約である。政府統計である「花き流通統計調査報告」が2006年をもって終了してしまった。そのため、本章の分析も2006年までとなっている。市場統計等を加工して新たに描きの種類別のデータを推計するなどの工夫が必要となる。

補論　データ

データ

花き価格　花き流通統計調査報告　政府統計

　鉢植えデータを使用（1鉢あたり。単位は円）

花き消費量（花き出荷量を利用）　品目別作付面積及び出荷量累年統計（昭和51年〜）総務省統計局

　鉢植え出荷額データを使用。単位は円。

＊ここで重要なこととして、次の農林水産省の文献に「花きの輸入は、切り花類が大半を占め」るとあるため、鉢植えについては花き国内出荷量を花き国内消費量と見なす。https://www.maff.go.jp/j/seisan/kaki/flower/pdf/1912_meguzi_13-21.pdf

資本：花き生産出荷統計

　栽培面積(a)

資本価格：日本銀行調査統計局.

　金利（国債新発債流通利回 10年）

労働数：花き生産出荷統計

各花き生産の農家数(戸)

賃金

農家1戸当たりの収入（総出荷額を農家数で除す）

脚注

（注1）Theil, H. (1980b)pp29－33を参照。

（注2）スルツキー係数については次式が成り立つ。

$$\pi_{ij} = \pi_{ji}$$

$$\pi_{i1} + \cdots \pi_{in} = 0$$

（注3）2006年までとなっているのは、花き流通統計調査報告のデータが
そろうのはそこまでだからである。

（注4）Theil,H は、所得伸縮性について－０．５と置いて分析している。
Mizuno、K. (1998)p151を参照。

（注5）Theil, H. (1980b)p18を参照。価格を一定扱いとして解釈されて
いる。

（注6）統計値は次のようになっている。

	定数項t値	係数t値	決定係数
洋ラン	-0.1439	0.361196	0.0099
シクラメン	0.713981	-0.59937	0.0268
きく	-0.02068	0.063648	0.0003
プリムラ	-0.45793	0.551721	0.0228
ベコニア	0.811454	-0.76778	0.0433
デンドロビウム	-0.15093	0.245168	0.0046

第4章 切り花の消費分析－5財消費モデル－

第1節 序

　日本でもかつて花き市場は華やかであったが、21世紀になり花き市場の規模が次第に縮小してきた。消費者の花き離れといってもよい。花きは冠婚葬祭、各種イベント・式典、お祝い事に不可欠な上、町や家の環境を彩るのに欠かせない存在であった。言ってみれば、日本の文化とともに花きは歩んできた。その花き市場が縮小するということは、日本文化が縮小しているということの裏返しでもある。日本文化の伝承については他で取り扱うとして、その花き文化縮小による花き市場の縮小を食い止めたい。その努力の一環として花きの切り花市場の実態について分析を行うこととした。いずれの切り花が衰退し、いずれの切り花花が盛り返しているか。その全体の縮小の様子は進んでいるのか。それらを計量経済学的数値で見ていくこととする。

　先行研究として第2章（Go Igusa, Katsushi Mizuno, Yukie Morita（2019）が原論文）では（国内生産の）鉢植えの花の消費分析を行っている。各鉢植えの花の消費に関して消費者が合理的消費行動を行っているか否かを調べた。合理的行動をとられている花もあればそうでない花きもあった。合理的な行動をとることを提言し、花きの文化の衰退をとどめようとした。

　今回の分析との違いは、先行研究は鉢物を分析対象としていたのに対して、ここでは切り花を対象とする。主要な鉢物が洋ラン、シクラメン、きく、プリムラ類、ベコニア、デンドロビウム類であったのに対し、主要な切り花はカーネーション、ばら、トルコギキョウ、ガーベラ、キクである。これらについての消費理論に基づいた分析を行う。

　本章のデータは切り花なので海外からの輸入も大きく影響することから、需要額は出荷額に輸入額を加えた値とする。

第2節　日本の切り花市場とデータ

第1項　切り花市場

　農林水産省の公表資料「花きの現状について」（2019 年 12 月）では、2017 年の花きの国内産出額は 3687 億円で、国内農業産出額の 4%を占めているとされている。その内訳は、切り花類が 6 割、次いで鉢もの類が 3 割、花壇用苗もの類が 1 割という内容で、近年は輸入花きが生産額ベースで約 10%、出荷量ベースで約 25%を占めている。最近の花き出荷額の規模は 4000 億円程度で推移してきた。昨年来のコロナ禍で結婚式をはじめ各種催しの延期や中止により市場が急激に縮小し経済理論的に意味の合わない状況なので、本研究ではその前の 2017 年度までの公表統計に基づいて分析を行った。

　分析対象とした花きは、前述した、最も代表的なカーネーション、バラ、キク、需要用途が広いトルコギキョウ、ガーベラとした。本章で分析対象とする日本の切り花についてその特性および用途に簡単に触れておこう。

［カーネーション］

　ナデシコ科に属し、原産地はヨーロッパ・西アジアである。開花時期は四季まんべんなく咲くが、主に 4 月〜6 月である。個体として複数年に渡って生きる多年草である。日本に入ってきたのは江戸時代である。日本だけでなく各国で人気のある花である。原種は一季咲きで春から初夏に咲く花だったが、品種改良の結果、秋にも花が咲く四季咲きのカーネーションが開発された。現在でも世界中で積極的に品種改良が盛んに行われ、新たなカーネーションが生み出されている。日本ではカーネーションは、「母の日」に贈る花として活用されているが、それ以外にもフラワーアレンジメントなどにも利用されている。

［バラ］

　バラ科に属し、原産地は北半球の温帯域に広く自生している。開花時期は 5 月中旬〜6 月上旬である。カーネーション同様多年草である。多種多

様な種類や系統があり、樹形のタイプから、木立ち性のブッシュ・ローズ、半つる性のシュラブ・ローズ、つる性のつるバラの３タイプに分ける場合がある。日本原産の種としてノイバラ、テリハノイバラ、ハマナシがある。切り花は木立ち性のものを摘むことが多いが、観賞用のバラ庭園も多く、東京都では、旧白河庭園、神代植物園などが有名である。ばらは『花の女王』と呼ばれ、さまざまな用途に利用されている。

[トルコギキョウ]

　トルコギキョウは和名で、昭和１０年に日本に入ってきた際に、トルコ人のターバンに似ていることからトルコギキョウと命名されたが、ユーストマが正式名である。科名はリンドウ科であり、原産地は 北アメリカ南西部から南部、メキシコ、南アメリカ北部である。平原や河口に広く分布しているリンドウ科の植物で、日本での品種改良が進み、一重咲きの可憐な薄紫から紫の花を咲かせる。一般的な改良品種の開花時期は３月～６月であるが、自生地の場合６月～７月である。種を蒔いたその年のうちに発芽し、枯れる一年草であり、昭和 10 年代に日本に持ち込まれて以降、著しく品種改良が進んだ。多くは切り花として流通している。昭和 50 年代以降ピンクなど品種がつくり出され現在は 300 種あると言われている。冠婚葬祭など、用途は幅広い。

[ガーベラ]

　キク科に属し、原産地は南アフリカである。開花時期は四季咲き性であるが、春と秋に多く開花する。多年草であり、品種改良が盛んに行われ、毎年のように新品種が出ている。ガーベラは切り花に用いられたり、花壇に植える花として用いられるなど、多様な用途がある。ガーデニング初心者でも育て易い。「崇高美」「神秘」との花言葉が使われるように、神々しさを感じさせる。

[キク]

　キク科に属し、原産地は中国である。開花時期は９～11 月である。多年

草であり、大きくは和菊と洋菊に分類されるが、中国北部原産のチョウセンノギクと中国中部原産のハイシマカンギクの交配で生まれたといわれ、中国では薬草としても使用された。奈良時代に中国から薬草として日本に伝来した。日本に渡来後の品種改良により、江戸時代に観賞用と味や香りのよい食用菊とに分けられて、さらに品種改良が繰り返された。よって、観賞用植物として広く親しまれているが、食用の菊も存在する。花びらのみを食用とする。一般的に、日本で観賞用多年草植物として発展した系統・品種群のことを「和菊」、西欧に渡り育種されて生まれた系統・品種群を「洋菊」と呼ぶ。現在では、弔事に係る行事に使用され、需要を支えている。

第2項　消費の推移

　農林水産省「花き生産出荷統計」と財務省「財務省貿易統計（輸入）」により、切り花5種の消費額（国内生産額＋輸入額：以下同様）の推移を図表4－1に表す。図表4－2では、消費量（国内生産量＋輸入量：以下同様）を年次ごとに積上げ棒グラフで表す。図表4－3では、消費額を切り花ごとに推移の比較を検証するため2000年の消費額を100として2000年に対する各年の消費額を指数化して図式化した。

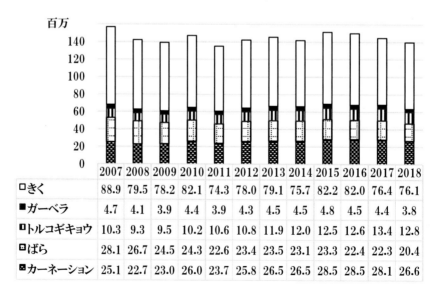

	2007	2008	2009	2010	2011	2012	2013	2014	2015	2016	2017	2018
□きく	88.9	79.5	78.2	82.1	74.3	78.0	79.1	75.7	82.2	82.0	76.4	76.1
■ガーベラ	4.7	4.1	3.9	4.4	3.9	4.3	4.5	4.5	4.8	4.5	4.4	3.8
□トルコギキョウ	10.3	9.3	9.5	10.2	10.6	10.8	11.9	12.0	12.5	12.6	13.4	12.8
□ばら	28.1	26.7	24.5	24.3	22.6	23.4	23.5	23.1	23.3	22.4	22.3	20.4
▨カーネーション	25.1	22.7	23.0	26.0	23.7	25.8	26.5	26.5	28.5	28.5	28.1	26.6

図表4－1　切り花5種の消費額（国内生産額＋輸入額）の推移

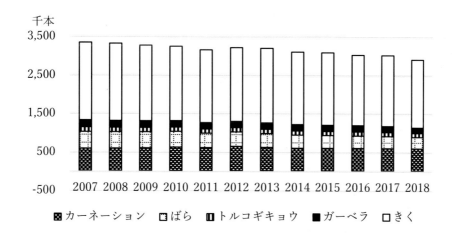

千本

図表 4－2　切り花 5 種の消費量（国内生産量＋輸入量）の推移

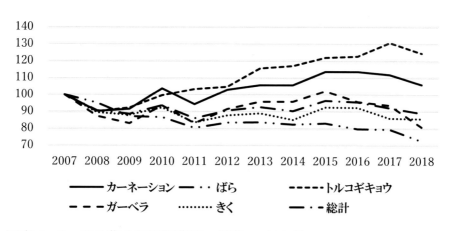

図表 4－3　切り花 5 種別消費額の推移　2000 年＝100

　図表 4－1 は、各年の 5 種別の消費額を積上げ棒グラフにしている。各年の消費額の合計は、東日本大震災のあった 2011 年の 135 百万円を底として、毎年 140 百万円前後で推移している。5 種の消費額のうち、きくが大きなウェイトを占めている。図表 4－2 から、トルコギキョウとガーベラが消費量と消費額の順位が入れ替わっている。トルコギキョウの需要が大きくなってきた。図表 4－3 から、切り花 5 種の市場規模が 2007 年以降

衰退傾向にあることが見て取れるが、そのなかで、トルコギキョウとカーネーションが市場を牽引していることを示唆している。トルコギキョウの特徴として、2007年から2018年の間で、その消費量は落ちているものの、その単価は40%以上上昇していることがあげられる。カーネーションについては、消費額は大きな落ち込みはなく、単価が6%上昇している。ばらについては、価格が7%上昇しているものの消費量が7割以下に落ち込んでいるため、消費額としてはその減少が大きい。

第3項　シェア分析、集中度分析

　競争状態を表す指標である集中度に関して市場の状況を見てみよう。農林水産省「花き生産出荷統計」より、カーネーション、ばら、トルコギキョウ、ガーベラ、キク、という切り花の中でも代表的な五種を対象として、2005年から2018年までのハーフィンダール指数を算出した（数式3－1）。その計算結果を図式化したものが次図である。

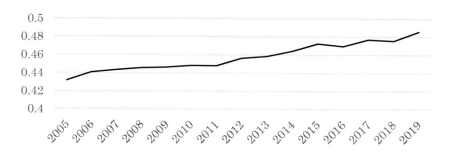

図表4－4　5種の花のシェアを基にしたハーフィンダール指数の推移
注．農林水産省「花き生産出荷統計」より筆者が作成。

　図表4－4から見て分かる通り、ハーフィンダール指数は年々上昇傾向にある。シェアは均一化に向かっているというよりも花によって集中度が増している。つまり、これは代表的な5種の切り花のシェアの中でも、特定の種への寡占化が進みつつあることを意味している。ではそれは何であるのか。それぞれの花のシェアの推移を纏めたものが図表4－5である。

このデータを見ると、この 5 種の中で最もシェアが多い花はキクである。

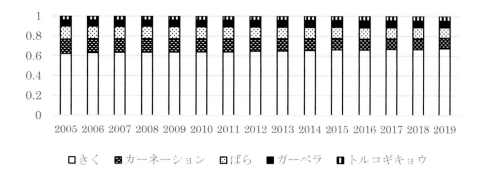

図表4-5　5種の花のシェアの推移

注. 農林水産省「花き生産出荷統計」より筆者が作成。

　キクは 2005 年から 2018 年までの全体を通して、常にほぼ全体の 6 割近くのシェアで大きな変化なく推移している。また、トルコギキョウ、ガーベラのシェアの変化もほぼ横ばいになっている。カーネーションのシェアは年々増加傾向にあるのに対して、バラが減少傾向にある。つまり全体としては、需要がバラからカーネーションに移り、その他は安定していることが読み取れる。このことがハーフィンダール指数の値の増加に繋がっているのである。

　では何故、こうした需要の減少が生じたのだろうか。これには消費者である人々のニーズや嗜好の多様化や、ライフスタイルの変化が原因として考えられる。現代においては、情報通信技術の発達と、それに伴うネット e コマースの普及によって様々な種類の贈り物がいつでもどこでも手軽に購入できるようになった。以前は贈り物の定番として大きな地位を占めていた花も、こうした現況の煽りを受けて需要が減少していると考えられる。また、結婚式を挙げない若年層や家族葬の増加などといった、花を多く用いる冠婚葬祭を含めたライフスタイルの変化もまた、花の需要に対して大きな影響を与えていると考えられる。

　実は、こうした変化は上述の五種の花だけでなく、切り花類全体の生産

にも影響が生じている。農林水産省の「花き生産出荷統計」から切り花類の国内出荷量推移を纏めて棒グラフの形で下図に示した。

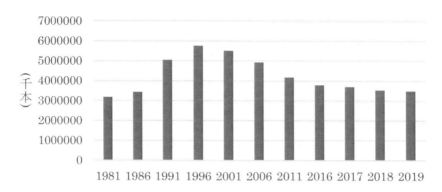

図表4−6　国内切り花出荷量の推移
注. 農林水産省「花き生産出荷統計」より筆者が作成。

　「花き生産出荷統計」において最も古い公表データは1981年のものであり、その時の出荷量は31億7800万本であった。その後切り花類の出荷量は1996年にピークを迎え、その時の出荷量は57億5600万本であった。しかし、それからは切り花類の出荷量は減少傾向にあり、最新のデータである2019年においては、出荷量は34億8200万本となった。この出荷量はピーク時と比較して約40%分、22億7400万本減少したものとなっており、切り花の出荷量は大幅な減少をしていることが分かる。なおピーク時以前の期間で2019年の出荷額に最も近い出荷量は、1986年の34億3900万本である。
　ハーフィンダール指数の値の上昇は、特定の財への生産・消費の集中ということであり、生産の効率化という観点から考えれば望ましいことであるといえるが、こうした効率化が花き市場全体の縮小という好ましくない環境変化によってもたらされているという事実は懸念すべきものであろう。

第3節　モデル分析

第1項　経済モデル

　システムーワイド・アプローチの消費理論需要方程式は、微分形需要方程式の相対価格式からなっている。左辺は各花きの需要量を表す。右辺第1項の所得（花きへの支出の合計を使う場合もあれば、国民所得を使う場合もある。Theil は前者）を表す項、右辺第2項以下は各花きの価格を表す項である。5財のケースでは、次のような5本の連立方程式が成り立つ（数式（3−2）の5財モデルである）。

$$w_1 dlnq_1 = \theta_1 dlnQ + \phi\theta_{11} dln\frac{p_1}{p_F} + \phi\theta_{12} dln\frac{p_2}{p_F} + \phi\theta_{13} dln\frac{p_3}{p_F} + \phi\theta_{14} dln\frac{p_4}{p_F}$$

$$+ \phi\theta_{15} dln\frac{p_5}{p_F}$$

$$w_2 dlnq_2 = \theta_2 dlnQ + \phi\theta_{11} dln\frac{p_1}{p_F} + \phi\theta_{12} dln\frac{p_2}{p_F} + \phi\theta_{13} dln\frac{p_3}{p_F} + \phi\theta_{14} dln\frac{p_4}{p_F}$$

$$+ \phi\theta_{15} dln\frac{p_5}{p_F}$$

$$w_3 dlnq_3 = \theta_3 dlnQ + \phi\theta_{11} dln\frac{p_1}{p_F} + \phi\theta_{12} dln\frac{p_2}{p_F} + \phi\theta_{13} dln\frac{p_3}{p_F} + \phi\theta_{14} dln\frac{p_4}{p_F}$$

$$+ \phi\theta_{15} dln\frac{p_5}{p_F}$$

$$w_4 dlnq_4 = \theta_4 dlnQ + \phi\theta_{11} dln\frac{p_1}{p_F} + \phi\theta_{12} dln\frac{p_2}{p_F} + \phi\theta_{13} dln\frac{p_3}{p_F} + \phi\theta_{14} dln\frac{p_4}{p_F}$$

$$+ \phi\theta_{15} dln\frac{p_5}{p_F}$$

$$w_5 dlnq_5 = \theta_5 dlnQ + \phi\theta_{11} dln\frac{p_1}{p_F} + \phi\theta_{12} dln\frac{p_2}{p_F} + \phi\theta_{13} dln\frac{p_3}{p_F} + \phi\theta_{14} dln\frac{p_4}{p_F}$$

$$+ \phi\theta_{15} dln\frac{p_5}{p_F}$$

-(4−1)

q_1：カーネーション数量、 q_2：ガーベラ数量、 q_3：トルコギキョウ数量
q_4： バラ数量、q_5：キク数量
p_1：カーネーション価格、p_2：ガーベラ価格、 p_3：トルコギキョウ価格
p_4：バラ価格　 p_5：キク価格

　w_i (i=1,2、3、4，5)は、予算に占める各財の予算シェアである。足すと1になるという性質がある。

$$w_1 + w_2 + w_3 + w_4 + w_5 = 1 \qquad (4-2)$$

　この数式（4−1）でデフレーターの役割を果たしている$dlnp_F$はフリッシュ価格指数である。

$$dlnp_F = \theta_1 dlnp_1 + \theta_2 dlnp_2 + \theta_3 dlnp_3 + \theta_4 dlnp_4 + \theta_5 dlnp_5 \qquad (4-3)$$

　θ_i (i=1,2,3,4,5)は限界シェア（予算が増えたときにそれに応じて各財のシェアがどれだけ増えるかの割合）を表し、足すと1である。

$$\theta_1 + \theta_2 + \theta_3 + \theta_4 + \theta_5 = 1 \qquad (4-4)$$

　限界シェアをウェイトとして価格微小変化形（価格上昇率）の加重平均である。また、数式（4−1）の dlnQ はディビジア数量指数である。

$$dlnQ = w_1 dlnq_1 + w_2 dlnq_2 + w_3 dlnq_3 + w_4 dlnq_4 + w_5 dlnq_5$$
$$-(4-5)$$

　これは、予算シェアをウェイトとした数量微小変化形（数量増加率）の加重平均である。最後に、ϕは所得の伸縮性である。H.Theil はこれを−0.5

と置いて分析している。

$$\phi = -0.5 \qquad -（4-6）$$

　ここで、5本のケースでのスルツキーの対称性を加味する。スルツキー係数には次のようなパラメータ制約がある。

$$\Pi_{11} + \Pi_{12} + \Pi_{13} + \Pi_{14} + \Pi_{15} = 0$$
$$\Pi_{21} + \Pi_{22} + \Pi_{23} + \Pi_{24} + \Pi_{25} = 0$$
$$\Pi_{31} + \Pi_{32} + \Pi_{33} + \Pi_{34} + \Pi_{35} = 0 \qquad -（4-7）$$

価格は合計すると 0 になる。

$$\Pi_{41} + \Pi_{42} + \Pi_{43} + \Pi_{44} + \Pi_{45} = 0$$
$$\Pi_{51} + \Pi_{52} + \Pi_{53} + \Pi_{54} + \Pi_{55} = 0$$
$$\Pi_{ij} = \Pi_{ji} \qquad -（4-8）$$
$$i, j = 1,2,3,4,5$$

　この関係を使って数式（4-1）を書き換えれば、次のように書き換えられる（注1）。
　なお、下記は数式（3-5）の5財モデルである

$$w_1 dlnq_1 = \theta_1 dlnQ + \Pi_{11} dlnp_1 + \Pi_{12} dlnp_2 + \Pi_{13} dlnp_3 + \Pi_{14} dlnp_4 + \Pi_{15} dlnp_5$$
$$w_2 dlnq_2 = \theta_2 dlnQ + \Pi_{21} dlnp_1 + \Pi_{22} dlnp_2 + \Pi_{23} dlnp_3 + \Pi_{24} dlnp_4 + \Pi_{25} dlnp_5$$
$$w_3 dlnq_3 = \theta_3 dlnQ + \Pi_{31} dlnp_1 + \Pi_{32} dlnp_2 + \Pi_{33} dlnp_3 + \Pi_{34} dlnp_4 + \Pi_{35} dlnp_5$$

$$w_4 dlnq_4 = \theta_4 dlnQ + \Pi_{41} dlnp_1 + \Pi_{42} dlnp_2 + \Pi_{43} dlnp_3 + \Pi_{44} dlnp_4$$
$$+ \Pi_{45} dlnp_5$$
$$w_5 dlnq_5 = \theta_5 dlnQ + \Pi_{51} dlnp_1 + \Pi_{52} dlnp_2 + \Pi_{53} dlnp_3 + \Pi_{54} dlnp_4$$
$$+ \Pi_{55} dlnp_5$$

$$-(5-9)$$

右辺の価格項から$dlnp_5$を引く。なお、下記は数式（3－5）′の5財モデルである。

$$w_1 dlnq_1 = \theta_1 dlnQ + \Pi_{11}(dlnp_1 - dlnp_5) + \Pi_{12}(dlnp_2 - dlnp_5)$$
$$+ \Pi_{13}(dlnp_3 - dlnp_5) + \Pi_{14}(dlnp_4 - dlnp_5)$$
$$w_2 dlnq_2 = \theta_2 dlnQ + \Pi_{21}(dlnp_1 - dlnp_5) + \Pi_{22}(dlnp_2 - dlnp_5)$$
$$+ \Pi_{23}(dlnp_3 - dlnp_5) + \Pi_{24}(dlnp_4 - dlnp_5)$$
$$w_3 dlnq_3 = \theta_3 dlnQ + \Pi_{31}(dlnp_1 - dlnp_5) + \Pi_{32}(dlnp_2 - dlnp_5)$$
$$+ \Pi_{33}(dlnp_3 - dlnp_5) + \Pi_{34}(dlnp_4 - dlnp_5)$$
$$w_4 dlnq_4 = \theta_4 dlnQ + \Pi_{41}(dlnp_1 - dlnp_5) + \Pi_{42}(dlnp_2 - dlnp_5)$$
$$+ \Pi_{43}(dlnp_3 - dlnp_5) + \Pi_{44}(dlnp_4 - dlnp_5)$$

$$-(5-10)$$

第2項　各パラメータの計算結果

　数式(4－10)を、パラメータの対称性を考慮に入れた制約付3段階最小2乗法で推定する（注2）。カーネーション、ガーベラ、トルコギキョウ、バラの4つの式の推定結果は次の通りである。推定期間は、2008年－2018年である。なお、決定係数は、第1式が0.8535、第2式が0.6485、第3式が0.6406、第4式が0.9180であった。

図表4－7　パラメータ推定値

	ディビジア数量指数	カーネーション価格	ガーベラ価格	トルコギキョウ価格	バラ価格	キク価格
カーネーション	0.1993	-0.1043	0.0219	0.0318	-0.0021	0.0527
ガーベラ	0.0527	0.0219	-0.0185	-0.0058	0.0012	0.0012
トルコギキョウ	0.0041	0.0318	-0.0058	-0.0196	0.0004	0.0258
バラ	0.1456	-0.0021	0.0012	-0.0004	-0.0089	0.0094

注. キク価格については制約条件により計算している。

図表4－8　パラメータ推定値（図表4－7より計算）

	ディビジア数量指数	カーネーション価格	ガーベラ価格	トルコギキョウ価格	バラ価格	キク価格
キク	0.5983	0.0527	0.0012	0.0258	0.0094	-0.0891

注. キク価格については制約条件により計算している。

図表4－9　P値

	ディビジア数量指数	カーネーション価格	ガーベラ価格	トルコギキョウ価格	バラ価格
カーネーション	0.000	0.000	0.012	0.001	0.806
ガーベラ	0.001	0.012	0.036	0.234	0.815
トルコギキョウ	0.719	0.001	0.234	0.017	0.944
バラ	0.000	0.806	0.815	0.944	0.162

第3項　各パラメータ分析

決定係数はそれぞれ、第 1 式が 0.8535、第 2 式が 0.6485、第 3 式が 0.6406、第 4 式が 0.9180 であった。四つの式全てが 0.6 を上回っているため、これらの式は概ね当てはまりが良い式と言える。また、第 1 式（カーネーション価格とキク価格の組み合わせ）と第 4 式（バラ価格とキク価格の組み合わせで行った分析によって得られた式）の組み合わせに至っては 0.9 に近い値を取っていることから、特に当てはまりの良い式であると考えられる。

P 値の表を見ると、カーネーションの式におけるディビジア数量指数、カーネーションの価格、ガーベラの価格、トルコギキョウの価格の項が、ガーベラの式においては、ディビジア数量指数とカーネーションとガーベラの価格の項が、トルコギキョウの式においては、カーネーションとトルコギキョウの価格の項が、バラの式においては、ディビジア数量指数の項が 0.05 を下回る値となっているため、これらの値は有意な値となっているといえる。

P 値の表の中には、逆に有意ではないことが示された項も数多く存在するが、これは増加率変数を用いていることによる結果である。パラメータの推定値を見ると、ディビジア数量指数のパラメータ推定値が各限界シェアにあたる。よってそれらを表すと次のように書ける。

$$\theta_1 = 0.1993、\theta_2 = 0.0527、\theta_3 = 0.0041、\theta_4 = 0.1456$$

また、θ_5 については限界シェアの合計が 1 という関係から図表 5−8 で計算された。

$$\theta_5 = 0.5983$$

第4項　各 Theil 弾力性の調査

第 4 章の Theil 所得弾力性を得られた推定結果から計算してみたい。ある財に対する需要の所得弾力性とは、所得の増加がその財の需要に与える

影響を示す指標であり、この値が 0 より小さければ下級財（所得が増加する程、消費量が減少する財）に、この値が 0 より大きければ上級財（所得が増す程、消費量が増加する財）となる。

　また、上級財は、所得弾力性が 1 より大きければ贅沢品（所得の増加以上に需要量が増す財）に、1 より小さければ必需品（所得の増加以上に需要量が増すことの無い財）となる。

本章においては、最適な所得弾力性の値を求める際は「各花のディビジア数量指数の項のパラメータ推定値（＝各花の限界シェア ／ 各年度の各花のシェア」という計算を、実際の所得弾力性の値を求める際は「各花の消費量増加率 ／ 花全体の消費量増加率」という計算を行うこととする。

［最適所得弾力性］

　価格一定と想定したとき、最適な所得弾力性の式は次式である。

最適所得弾力性＝θ_i / w_i

　この式に基づいて最適な所得弾力性の値を計算する。w_i においてはデータから実際の値を計算した。下図はそれぞれの花の最適な所得弾力性の値の推移を纏めたグラフである。

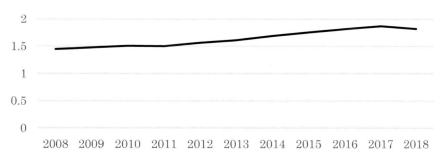

カーネーションの最適所得弾力性

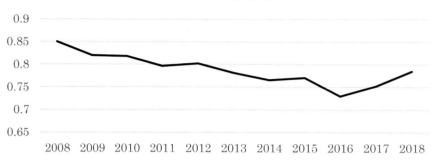

ガーベラの最適所得弾力性

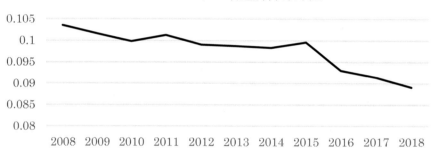

トルコギキョウの最適所得弾力性

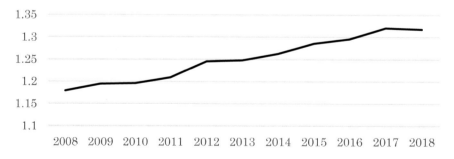

バラの最適所得弾力性

キクの最適所得弾力性

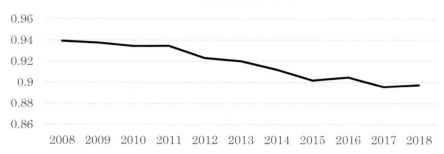

図表4－10　各花の最適な所得弾力性

　5種の花の全てに共通しているのは、全期間を通じてどの花の値も0以上である、つまり上級財（所得が増す程、その伸びよりも消費量が増加する財）か下級財（所得が増すとき、その伸びほどは消費量が増加しない財）であり、ギッフェン財（所得が増しても、消費量が減少してしまう財）ではないことということである。また、カーネーションとバラの二つの花は、常に所得弾力性の値が1を超えているため上級財（所得の増加以上に需要量が増す財）となっており、それ以外のガーベラ、トルコギキョウ、キクの3つの花もまた常に所得弾力性が1を下回っているため、下級財（所得の増加以上に需要量が増すことのない財）となっていることが分かる。

［実際の所得弾力性］
　次に「実際の所得弾力性の値」を計算し、理論的な最適な所得弾力性の値と比較してみよう。「実際の所得弾力性」は定義通りに次式で計算する。

　　　所得弾力性＝（$\Delta q_i/\Delta Y$）/(q_i/Y)

　各花の実際の所得弾力性値を点線で表し、先述の最適な所得弾力性の値を線で示したものが以下のグラフである。

カーネーションの所得弾力性

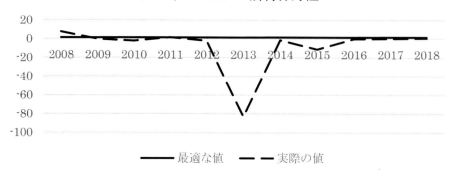

ガーベラの所得弾力性

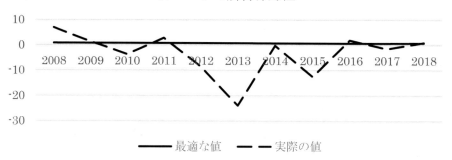

トルコギキョウの所得弾力性

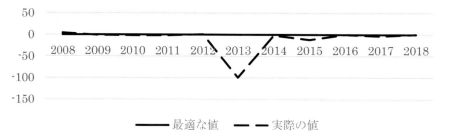

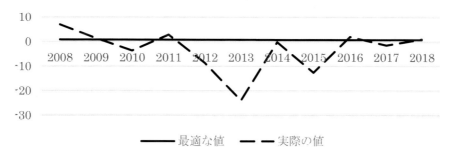

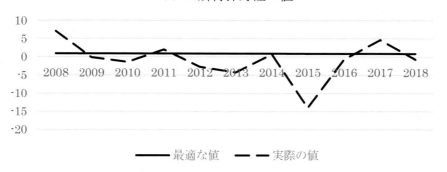

図表4－11　実際の所得弾力性（線）と最適所得弾力性（点線）

注. 農林水産省「花き生産出荷統計」、「花木等生産状況調査」より筆者作成。

　グラフを見ると分かる通り、どの花も最適な値と実際の値には乖離が生じている。また、実際の値は最適な値と比べて、マイナス値を取ることが多い。また、2008年から2018年まで、計11年分のそれぞれの花の実際の所得弾力性の値を見てみると、どの花も6年以上、つまり過半数の年で値が0未満となっている。そのため、実際の所得弾力性の値から見てみると、5種の花全てがギッフェン財（所得が増加する程、消費量が減少する財）的傾向の強い財であると言える。しかし、ここではギッフェンが唱えたような食糧のギッフェン財ではなく、文化的なギッフェン財であると解釈できる。花き市場を活性化させるためには、理想的な所得弾力性に戻し、ギッフェン財の域から脱することが第一の方法となる。

第4節　結び

　本章では、花き市場の縮小をくい止めることに資する知見を得るため、最も代表的、あるいは需要用途が広い5種の切り花に関するデータをベースに複数の分析を行った。

　5種の切り花に対する消費分析では、カーネーションのように年々消費額を伸ばしている花も存在するが、5種の花全体で見ると、消費量は減少傾向にあり、合計の消費額も伸び悩んでいる。このことから、こうした人気のある花にも花き市場全体の縮小の影響が及んでいる。

　ハーフィンダール指数を用いた分析からは、5種の花きの消費（国内生産物に対する消費）において、特定の花への寡占化が年々進んでいるという事実が明らかになった。キクのような人気のある花は不動であるが、バラの消費の落ち込みは寡占化の要因となっていた。日本の花き市場全体の縮小という好ましくない状況につながる一要因であると考えられる。

　所得弾力性の最適な値を見た場合は、5種の花のどれも、常に所得弾力性の値が0を上回っていた。しかし、その一方で、実際の値からみた場合は、どの花も過半数の期間で値が0を下回っていた。つまり所得が増えると消費が減っているという状況であった。よって、5種の切り花を対象とした所得弾力性の値を用いた分析では、最適な所得弾力性の値と、実際の値の間に全体的に乖離が生じているケースと一部乖離が広がるケースの2つのケースとして現れていた。があることが分かった。5種の花の所得弾力性の最適な値と実際の値の乖離の幅を縮め、実際の値を最適な値により近づけていくことが必要である。

　年々市場規模が縮小する花き市場は、前途多難であると言える。しかし本章で指摘した問題を解決しながら花き市場の縮小に歯止めをかけられれば幸いである。

脚注

（注1）システムーワイド・アプローチ式の推定では、一連の Theil.H の研究において、最尤法や制約付一般化最小2乗法が利用されている。

第5章　日本と韓国の花き（花き全体）産業を通じた協力体制構築の一考察－2財生産モデル－

第1節　序

　日本と韓国は東アジアで海を隔てて隣接する国である。両国は文化や歴史的背景に共通点を持つために近くて遠い国などと表現される。福岡から釜山までは僅か200㎞しかなく、国境や海を隔ててさえいなければ、頻繁に行き来する距離であろう。両国は食事時に箸を使うという文化も共通している。また、背丈などの外見も日本人と似通っているため、見分けがつかないと言われているほどである。

　日本と韓国の関係は複雑である。お互いに嫌い合っているという見方もできるが、韓国のアイドルを好きな日本人は多く、多くの韓国人が日本で活躍している。また、新宿区内にあるコリアンタウンでは多くの日本人が韓国文化を求めて往来している。韓国ではうどんやラーメン、とんかつとなどの日本食がブームであるし、日本でも韓国料理であるビビ、スンドゥブなどが人気である。

　しかし、経済面においては、日本と韓国は揉めているという見解が一般である。その背景には、似た民族同士、ある種の同族嫌悪のような意識があるのではないかと筆者は考えている。両国の仲を取り結ぶ契機は、至るところに転がっているであろう。日本と韓国は文化の共通点が多い分、手を取り合ったならば、双方に大きなメリットをもたらせるであろう。

　本稿は両国の共通点の一つとして、花（花き）の文化から協力関係を目指したものである。お互いの文化について計量経済的な分析を伴って深く理解することは、長期的に考えた両国の発展に寄与すると考えている。そのため、まずは韓国と日本の花き市場についての生産面の分析を行い比較する。H.Theil(1980a)(1980b)に基づいて我々が開発した計量経済モデルで推定した結果を利用して、両国の収益率を計算した。その結果、両国とも花きの生産は収益率が1以下であった。両国の生産の数値とも、収入より

も費用のほうが高く、収益率が 1 よりも低くなってしまっていた。

　これは日本と韓国の花きに対する消費行動（需要の構造）が似通っていることを意味している。そして、両国ともに市場の収益率が低いという特徴がある。これは、言い換えれば、収益を求めて花きを生産しているというよりも、何かしらの文化的背景があって花きを生産していると考えるのが自然である。それでは、両国の花き産業はこのままでよいのか、という問いに対し、筆者は首を横に振る。

　近年、世界の市場はより競争を増している。競争が市場の縮小を招くと誤解しがちであるが、グローバル化の進んだ現代世界においては、競争こそ市場を拡大させることにつながる。その世界競争に日本と韓国が手を取り合って乗り出すのはどうだろう。この両国の共通点を認識し、それを契機に手を取り合うのである。世界市場と言う共通の仮想敵市場を持つことで両国の関係が深まれば良い。

　まず、両国の花き産業が目指すべきことは、双方の市場に自国の花々を提供し合うよう努力することであろう。本章の研究結果を参考に両国の花き市場がより発展することを祈念している。

第2節　日本と韓国の花き生産における比較

第1項　韓国における花き生産の経済分析

　まずは韓国の事例について計算してみよう。我々の開発モデルであるディファレンシャル・アプローチを用いて収益率、規模の弾力性を計算する（注 1）。

推定する式は次である。労働需要方程式とする（注 2）。資本についても同様の式が考えられるが、そちらのパラメータは、パラメータ制約条件を使って数式 5−1 から得られるのでここでは省略する。L は労働、K は資本ストック、Y は生産額、p_L は労働の価格、p_K は資本の価格である。第 2 章（2 −1）式を（6−1）式として再掲する。

$$f_K \mathrm{dln}K = \gamma \theta_K \mathrm{dln}Y + \pi_{KK}(\mathrm{dln}p_K - \mathrm{dln}p_L) \qquad (6-1)$$

θ_K：限界シェア（ラウンド L/ラウンド Y）

γ：収益率

$1/\gamma$：規模の弾力性（$1/\gamma$ 次同次の $1/\gamma$）

π_{KK}:価格パラメータ

$fk=p_kK/(p_kK+p_LL)$　　　資本の要素シェア　　（6－2）

$f_L=p_LL/(p_kK+p_LL)$　　　労働の要素シェア　　（6－3）

ただし、$fk+fL=1$ となる。

L には花き農家数、Y には花き出荷額（消費者物価指数で実質化）、K は「花き農地面積（ha）×農地価格」の実質値（消費者物価指数で実質化）、r は実質金利（世銀）を活用し、賃金 w に関しては出荷額から r K を差し引いた額を農家数で割り、1 戸当たりの収入を活用（消費者物価指数で実質化）した。また、本分析で使用したデータは 2001-2011 年であり、推定した期間は 2002-2011 年である。推定方法は OLS（Ordinary Least Squares）での計算となる（注 3）。

本計測式で得られた推定結果は次である。

$f_K dlnK = 0.0587 dlnY + 0.0002 (dlnp_K － dlnp_L)$

　　　　（2.2719）　　　（0.4810）

R2=0.3996　　　s ＝0.0059

なお、カッコ内の値は t 値である。上の数式から下記の推定が得られる。

$\pi_{KK}＝0.0002$

$\gamma\theta_L＝0.0587$

ここで CES 型の生産関数を仮定すれば、$f_K＝\theta_K$ なので、別途 f_K をデータ

から計算することができ、その結果は θ_K に等しいことが分かる。

そして、データから得た f_K の平均値は 0.1126 であったため、それを上式に代入する。

そこで得られた結果が下記である。

$$\gamma＝0.5220$$

この γ は収益率を表す。韓国において花きを生産している生産者（農家など）の収益率は 0.5220 であることが分かった。収益率が 1 を下回っているため、韓国では花き農家の採算がプラスになってないことが分かった。これが花き生産が収益目的ではなく文化的な背景と考える要因である。

なお、この収益率の逆数が規模の弾力性である。そして、この規模の弾力性は生産関数における同次性の次数となる。

$$1/\gamma=1.9156$$

つまり、生産関数が 1.9651 次であることを意味する。規模の弾力性が 1 を超えているため、生産関数は規模に関して収穫逓増の構造にある（注 4）。

第 2 項 　日本における花き生産の経済分析

次は日本の花き生産について同様の分析を行う。なお、水野 (2019)において鉢植え限定した各種花きについて同様の分析を行っているが、本章ではそれを日本の花き生産全体に拡充して改めて分析を行った。ここでは、推定期間は 2005 年−2017 年の間である。L には花き生産を行っている農家数、Y には花きの出荷額、K は「花き農地面積（ha）×農地価格」の実質値（消費者物価指数で実質化）を用いている。さらに、r には全国貸し出し約定平均金利（日本銀行）を使用し、韓国を分析した場合と同様に賃金 w に関しては出荷額から r K を差し引いた金額を農家数で割って、1 戸当たりの収入（消費者物価指数で実質化）を使用している。なお、金額の単位は億円としている（注 5）。

先述と同様の数式による推定結果は次である。

$$f_K dlnK = 0.0496 dlnY + 0.0072 (dlnp_K - dlnp_L)$$
$$(2.7937) \quad (1.2156)$$

$$R^2 = 0.5020 \quad s = 0.0035$$

よって、下記の推定値を求めることができる。

$$\pi_{KK} = 0.0072$$
$$\gamma\theta_L = 0.0496$$

CES 型の生産関数の仮定によって、$f_K = \theta_K$ であることがわかる。そして、韓国のケースと同様に f_K の平均値を求めた。データから得られた f_K の平均値は 0.1322 であった。
その数値を上式に代入すると、下記の結果が得られる。

$$\gamma = 0.3758$$

つまり、日本の花き生産農家の収益率は 0.3728 であることが分かった。次に規模の弾力性を計測すると下のようになる。

$$1/\gamma = 2.6607$$

日本の花き農家も、生産関数における同次性の次数は 2.6607 であり、規模に関して収穫逓増の構造が確認された。

第3項　日本と韓国の花き生産における経済分析結果の比較

本分析は両国の産業共に利潤最大化の下で行った生産状況（収益率および規模の弾力性）を表している。両方の計算結果を再掲して比較しよう。

図表6−1　韓国と日本の花き産業における収益率と規模の弾力性

国	収益率	規模の弾力性
韓国	0.5220	1.9156
日本	0.3758	2.6607

　収益率は日本も韓国も 1 を下回っている。具体的に韓国は 0.5220 であり、これは 1 の費用に対して収入が 0.5220 であることを示している。日本の場合はそれが 0.3758 であり、1 の費用に対して収入が 0.3758 しかないことを示している。この両国の数字を比較する限り、韓国の生産農家のほうがやや収益率が高いということが言える。ただし、両者とも、それが 1 以下であることから、利益を上げられるような構造にはなっていないことが窺われる。花き生産を行っている企業や農家が経済的に繁栄しているとは考えにくく、両国が双方に協力し合っていく必要性を提示している。

　規模に関しての収穫の度合い（規模の弾力性）を見てみると、両者とも規模に関して収穫逓増の構造にあった。韓国の花き生産農家の場合は同次性の次数は 1.9156 であり、日本の場合は 2.6607 であった。規模に関して収穫逓増の構造にあるならば、その財を生産すればするほど利潤が得られるというものである。しかし、利潤を得るにあたっては、生産した財が販売される必要が前提にある。現在、両国ともに消費の市場がそこまで盛り上がっていないことが窺われるため、分析結果である規模に対する収穫逓増の構造に甘んじて生産を増加させたとしたならば、逆に経営を圧迫してしまう懸念がある。

また、産業が発展すればするほど規模に関して収穫逓減の構造になっていくことが既存の研究から明らかになっている。つまり、両国の花き産業においては、技術進歩により生産関数が上方にシフトし、生産力が向上していくという好状態にないことと言える。

　規模の弾力性は独占化の指標になることが多くの先行研究からも明らかになっている。それは 1 を基準にし、1 以上であれば独占化が進んでおり、1 以下であるならば独占でなく適正な競争状態が維持されているとさ

れる。規模の弾力性が1以上の構造と言うのは、財を生産すればするほど収益が上がる構造にあり、その背景には多額の初期投資があることが考えられる。現に花きを安定的に生産するにあたっては一定規模以上の土地を必要とするであろう。土地の保有は面積の小さい韓国においては大きな問題である。

韓国と日本の花き産業における競争状態および独占状態を考えるにあたっては、両国の規模の弾力性から1を差し引くことで一つの指標を得ることができる。ここで数値がプラスであったならば、それは独占的な産業であったことを意味し、その値が大きいほどに独占化の傾向が強いと言える。他方、マイナスであったならば、独占とは反対の競争状態にあると考えられ、その数値が小さいほど競争状態が激しいと考えることができる。

図表6-2　韓国と日本の花き産業の独占および競争状態の指標値

国	指標値
韓国	0.9156
日本	1.6607

その結果、韓国の指標値は0.9156に対し、日本は1.6607であった。両国ともプラスの数値であったので、先述のとおり独占にあることが分かる。さらに韓国の指標値を日本の指標値で割ると、1.81倍になった。本経済分析の結果、日本の花き産業の方が、韓国のそれと比較して独占傾向が強いことが分かる。

第3節　結び

本稿の経済分析の結果、日本と韓国の花き生産には似た構造が見られた。さらに本稿の前章の内容では花き産業の需要面を取り扱っており、そこでも様々な共通点が見られた。よって、日本と韓国は生産面と需要面の両面において共通性が見られている。このような量的な分析を行っての共通性は、経済分析を行うことでしか見出すことは難しいであろう。その意味に

おいて、本研究は意義があったと考えている。

　花き産業の需要面で見られた共通性は、日本と韓国における花（花き）に対しての共通認識に基づいていると考えられる。つまり、両国ともに花きに対する似たような文化が根底に流れていると仮定を立てた。そして、本稿の生産分析において、両国の花き産業の収益率の構造から、その仮説をさらに一歩裏付けている（しかし、本稿は経済分析であり、収益性の低い構造を善しとはしない立場に立っている）。

　現在、経済面で良好とは言えない両国であるが、花という可憐な植物から生まれる共通性を認識して、協力し合うことは可能であると考える。仮に両国が協力して市場を広げたならば、これまで以上の経済発展がもたらされる可能性もある。

　花きにおける生産面の分析の結果、日韓ともに収益率は1以下であった。両国とも収入よりも費用のほうが高くなっている現状であり、まさしく協力して解決すべき課題と思われる。一方、花きにおける消費面での比較においては、購入頻度、購入場所、購入金額および花の嗜好などにおいて類似性が示された。

　花きの種類に限った類似性であったが、同じアジアに位置する国である以上、あらゆる点で類似性が見られるはずである。それら類似性を発見することは国家間の交友関係を築く上で重要であろう。今回、花きの日韓比較分析を行うことで、これまで焦点が当てられてこなかった類似性を発見することができた。

　本稿は日本と韓国の花き産業を比較することで、いわゆる"隠れた類似性"を抽出した。このように隠れた類似性を抽出できるような比較分析をタイ、インドア、マレーシア、シンガポールなどのあらゆる国家間で行うことを考えている。共通性を認識することで人々は繋がりを意識することができる。これは個人間に限らず、国家間でも同様であろう。隠れた共通性を見出すことで国家間の協力関係を構築することができ、より高次元の経済発展に至れると考えている。

脚注

（注1）Theil，H.（1980a）、Theil，H.（1980b)に基づいて構築した理論
　　　　である。

（注2）Mizuno K.,et al.（2019）で展開されているモデルである。

（注3）ここでの使用データの出所である。

　　　　＊Ministry for Food Agriculture, Forestry and Fisheries; agricultural
　　　　　office

　　　　＊＊韓国のフラワーエコノミーの現況と課題　韓国農村経済研究
　　　　　院　朴 起煥 2012.11.30K＊REI

　　　　＊＊＊　韓国における農地制度の変遷過程と発展方向
　　　　　　　韓国農業基盤公社　農村綜合計画処　地域戦略チーム 責
　　　　　　　任研究員(農学博士)李錫(イソク)p72（表8）の2003年の
　　　　　　　うち振興地域畑価格坪44413ウォンで換算

（注4）この他に全要素生産性も計算できるが省略する。その簡易な計算
　　　　方法にHall,R.E.(1990)(1998)などもある。

（注5）ここでの使用データの出所である。

　　　　＊出荷額（消費者物価指数で実質化）、花き農家数、農地面積（ha）
　　　　　の出典は花き産業振興総合調査。

　　　　＊＊農地価格の出典は平成15年、平成29年田畑売買価格等に関す
　　　　　る調査結果（要旨）は全国農業会議所。

第6章　礼文島に咲くレブンアツモリソウの概要と歴史

第1節　花の浮島と呼ばれる礼文島

　礼文島（礼文郡礼文町）は北海道北部（稚内市の西方約60km）に位置する離島であり、別名"花の浮島"と呼ばれている。この美しい別名の理由は、300種類以上もの多種多様な高山植物が自生し、それらを海抜0mの地点から見られることに由来している。さらに礼文島に自生する高山植物の多くが希少種であることから、希少な観光資源の一つとしても位置付けられている。

　礼文島が高山植物に適する地である背景は、諸説あるものの、次のように説明することができる。そもそも高山植物とは、森林限界よりも高い高山帯で生育する植物を言う。なお、森林限界とは樹木が育たないために森林を形成できない限界線のことで、富士山では2500～2800m、北海道の大雪山や日高山脈では1000～1500mがそれに該当する。冷涼な気候と強風に見舞われる礼文島では、そもそも森林が形成されにくく、森林限界が標高の低い地点で訪れる。そのため、海抜近くから多様な高山植物を見ることができる。

　礼文島に生育する植物の種類数について最も古い記録は館脇操（1934）であるが、その中でも88科434種と記録されている。これほど多種多様な植物が自生している背景として、北極圏周辺由来の植物（周北極植物）が、南方に自生する植物に駆逐されず、礼文島に自生し続けていることが挙げられる。周北極植物が礼文島に定着した背景にも諸説あるが、一つには、200万年以上前（地球は今よりも温暖であった頃）、北極圏周辺には多くの植物が自生しており、それらが後の地球寒冷化の頃に伴い南下を始めたことが言われている。氷河期には海水量が凍結により減少し、礼文島は日本列島やその周辺地域、北極圏周辺とも陸続きになり、植物の南下が可能であったと考えられている。この頃、日本の全域に多様な周北極植物が

定着するが、氷河期が終わると、今度は南方に自生する植物が北上を始める。しかし、南方の植物が礼文島に定着する前に海面が上昇して孤島化したため、周北極植物の植物に加え南方植物も自生する多様な地域になったと考えられている。

　礼文島に自生する希少な高山植物には、それぞれに物語が存在する。例えば、礼文町の花に指定されているレブンウスユキソウ（エゾウスユキソウ）、礼文島の二並山で発見されたことから名付けられたフタナミソウ（フタナミタンポポ）、ヨツバシオガマの変種であり礼文島に固有のレブンシオガマ、さらに礼文町香深地区の固有のカフカシオガマなどである。しかし、本稿では礼文島に自生する高山植物のうち特に人気のあるレブンアツモリソウに焦点を当てたい（注1）。

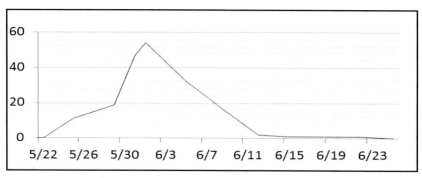

図表7－1　レブンアツモリソウ開花数の推移

資料：礼文森林事務所森林官（2018）「礼文の森から」No.132 より引用。

第2節　レブンアツモリソウの実態

第1項　レブンアツモリソウの概要

　レブンアツモリソウ（礼文敦盛草、学名：Cypripedium marcanthum var.rebunense）はその名が示すとおり礼文島にのみ自生するラン科の植物であり、可憐な色彩と独特の花形から観光資源としてだけでなく、園芸植物としても高い価値を有する。かつては島の至る所に生育したが、近年は絶滅が危惧される希少植物として絶滅危惧 IB 類（EN）、絶滅危機種（Cr）、

特定国内希少野生動植物種に指定されている。

　現在、レブンアツモリソウは減少傾向で推移しているという見方が一般的である。地球温暖化などの環境変化によって自然減少してしまう要因と、人為的な盗掘により減少してしまう二つの要因をレブンアツモリソウは抱えている。近年になり人為的な盗掘は収束しているところであるが、環境変化に伴う高茎草本の繁茂やササ地の拡大などによりレブンアツモリソウの生育環境は悪化し、繁殖力が弱く限られた条件下でしか生育できない本種の脆弱性があいまって、個体数は依然として減少している。

　レブンアツモリソウ群落を未来に残すためには個体数の減少を食い止めるための保護・増殖施策を必要としている。本稿は過去に多く発生した"レブンアツモリソウの盗掘"から来る住民の意識調査（アンケート調査）に加え、レブンアツモリソウの保護上の取り扱いは現在どのようになっているのかについて、新聞記事を含めた既存資料を整理したものである。

　レブンアツモリソウは被子植物単子葉類であり、キジカクシ目ラン科アツモリソウ属（Cypripedium）アツモリソウ（C.marcanthum）の変種（Sw.var.rebunense）にあたる。本種の最初の発見は1925年の工藤祐舜（北海道大学）による（1932年に宮部金吾、工藤祐舜がアツモリソウの変種と改訂）。なお、当時、礼文島は"北見の国礼文島"とされていたため、古い文献では分布域は北見と記されている。

　開花時期は5月下旬から6月下旬にかけてである。地域差により時期に差があるため一概には言えない。2018年に礼文島森林保護員であった柿崎重次氏がレブンアツモリソウ群生地で行った調査によると5月18日頃に開花が始まり、6月1日頃にピークを迎え、6月25日頃に開花時期を終えた。この期間の蕾の数は93であり、うち57本が開花した。図表8−1は月日と開花数の推移であり、図表7−2は開花箇所の位置図である。なお、茎の高さは13cmから15cm、葉長が5.5cmになったあたりから開花が見られた。

　河原孝行氏の既存研究（2014）によるとレブンアツモリソウは発芽にあたり、カビの一種であるTsulasnella属との共生菌発芽の方法をとることが既存研究で明らかになっている。その後、プロトコーム（ラン科の種子の

胚が発育する際に形成する球形の細胞塊のこと）で約3年を過ごし、幼苗から開花まで6年から12年もかかる。最大葉長が0.5cmから1.5cmの実生ステージ、最大葉長が1.5cmからの非開花ステージを経ての開花になる。親株は7、8年に1回、腋芽をつけて開花する。幼苗が初めて開花したときの株は小さいが7年から8年程度で親株と同じくらいの大きさになる（注2）。

図表7−2　レブンアツモリソウ開花箇所

資料：礼文森林事務所森林官（2018）「礼文の森から」No.132より引用。

　杉浦直人氏の既存研究（2014）によるとレブンアツモリソウは虫媒花であり、ニセハイイロマルハナバチの女王バチが花粉を授受するため、蜂の個体数と稔実には正の相関が見られたとの報告がある。また、ニセハイイロマルハナバチはヒロハクサフジ、センダイハギ、ハマエンドウを食すため、これら植物を増やしたところ稔実率は高くなったことも報告されている。また、アツモリソウ属の袋状の唇弁は花粉の授受の際に虫を閉じ込めるものと考えられ、その大きさが稔実に重要であると考えられている。また、レブンアツモリソウの主要な害虫は、陸産貝類（ホンブレイキマイマイ、オカモノアラガイ）、テングハマキ幼虫などである（注3）。

第2項　礼文島内における自生数の推計

　島内全域の正確な個体数については把握されていない。1995 年に旭川営林局が調査した結果、鉄府保護区（14.1ha）に 33000 本（1 株 5 本と仮定すると 6600 株）あるだろうと結論づけた。

　北海道森林管理局は 2013 年から 2015 年の 3 年間にかけて、ラジコンヘリを鉄府保護区の近郊含む約 30ha の上空に飛ばし、空中から開花数を調査した。この調査は 1 カ年で約 30ha の全域を調査したわけではなく、約 30ha を 3 つに区画（同程度の広さ）し、1 カ年ごとの区画における開花数を合計して総本数を推計したものである。その結果、2013 年の区画では 1936 本、2014 年の区画では 510 本、2015 年の区画では 269 本の開花したレブンアツモリソウが確認され、総区画では 2715 本の開花したレブンアツモリソウが確認された。　そして、それらに開花していないレブンアツモリソウ茎数の割合を加味（出現係数（2013 年：9.4、2014 年：4.0、2015 年：4.2）を開花数に乗じる）して、総茎数を推計したところ 21368 本という値が得られた（なお、開花していないレブンアツモリソウ茎数の割合については、後述の地上プロット調査から得られたデータを用いている）。そして、1995 年と同様に 1 株 5 本の茎数と仮定すると、約 4300 株のレブンアツモリソウが自生していると推計される。
1995 年に旭川営林局が調査した株数と、2013－2015 年にかけて北海道森林管理局が調査した株数をそれぞれ 1ha あたり株数に置き換えると図表 7－3 になる。

図表 7－3　1995 年と 2013－2015 年のレブンアツモリソウ株数比較

年次	株数/ha	調査機関
1995	約 468	旭川営林局
2013－2015	約 143	北海道森林管理局

　図表 7－3 によると、この期間で株数は約 3 分の 1 以下にまで減少したことが窺われる。しかし、この推計も楽観的であり過ぎるという現地の意見がある。そう言われる要因の一つが、北海道森林管理局が区画を分けて

3 カ年で行った調査のうち、2013 年の区画で 1936 本の開花株数が確認された が、この数が 2014 年の約 3.8 倍、2015 年に至っては約 7.2 倍と不自然に多いことである。これは調査初年度であったため、調査者が同じ白花を付けるネムロシオガマをレブンアツモリソウと混同して数えてしまった可能性が指摘されている。仮にそうであったとするならば、減少速度はさらに早く、より事態は深刻と考えられる。

　そこで本章においては、筆者が 2014 年と 2015 年の推計開花数の平均値（390 本）を 2013 年のそれであると仮定して再計算した。なお、出現係数については先述と同じ値を使用している。その結果、同期間においては鉄府保護区周辺の約 30ha に約 6836 本のレブンアツモリソウが自生していたと推定され、1 株に 5 本の茎数があると仮定するならば、約 1367 株が推定される。これを 1ha あたりの自生数に換算すると約 46 株/ha と推定される。

　また、さらに深刻な推計としては、礼文島全域の総個体数は 2000 株程度と見積もられる意見もある。この 2000 株程度という意見は年次が不確定であるが、同じく 2013-2015 年であるとする。礼文島全域の面積は約 8000ha であるため、自生数は約 0.25 株/ha という計算になる。
レブンアツモリソウの個体数は増減を繰り返すため、時期により変動があり、正確な自生数を把握する事は極めて困難であろう。現地の聞き取り調査から得られた推計値も実に多様であった。しかし、いずれにしろ深刻な減少傾向であることに疑いはない。

　ここで 1995 年の自生数は旭川営林局の約 468 株/ha と仮定して、北海道森林管理局による推計（数式 7－1）、約 46 株/ha とする筆者による同修正推計（数式 7－2）、礼文島全域の総個体数は 2000 株程度であり約 0.25 株/ha とする推計（数式 7－3）について示したものが以下である。
数式における Y は推定株数であり、X は 1995 年を基準年（1）とした場合の経過年数である。なお、本モデル式にあたっては、1995 年を基準年の 1 とし、2013-2015 年を基準年から 20 年経過した 21 として計算した。ここでは自生数の増減は指数関数的に変化するものと仮定している。

写真　レブンアツモリソウ（2018 年、礼文島にて筆者撮影）

Y = 664.29e$^{-0.05x}$　－北海道森林管理局による推計　　　（7－1）

Y = 850.81e$^{-0.08x}$　－筆者による同修正推計　　　（7－2）

Y = 1457e$^{-0.145x}$　－礼文島全域の総個体数は 2000 株程度という推計

（7－3）

Y：レブンアツモリソウの推定株数

X：1995 年時点を基準年（1）とした場合の経過年数（つまり、1996 年時
　点は 2、1997 年時点は 3 を代入することで Y を求める）。

注．先行研究における複数の自生数データおよび現地での聞き取り調査を基に、考えられるレブ
　　ンアツモリソウ自生数の推移を表したモデルが数式 7－1、7－2、7－3 であり、それを図示した
　　ものが図表 7－4 である。

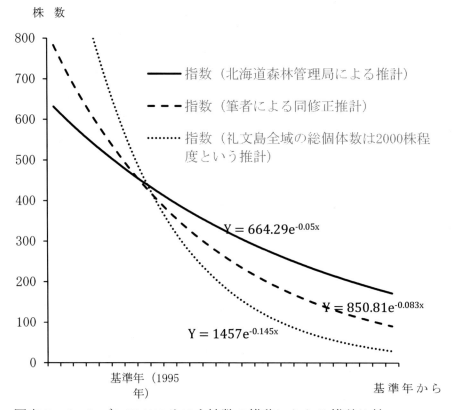

株　数

指数（北海道森林管理局による推計）

指数（筆者による同修正推計）

指数（礼文島全域の総個体数は2000株程度という推計）

$Y = 664.29e^{-0.05x}$

$Y = 850.81e^{-0.083x}$

$Y = 1457e^{-0.145x}$

基準年（1995年）

基準年から

図表7−4　レブンアツモリソウ株数の推移にかかる推計比較

　なお、これら推計に基づくレブンアツモリソウ自生数（株数）の推移について示したものが下記の図表7−4である。

　具体的にレブンアツモリソウ自生数の推移を調査した内容として、2002年から2013年にかけて礼文島北部（鉄府保護区）で行われたプロット調査がある。これは、同調査地の34個所に1㎡のプロットを設定し、その内部に自生する個体数（茎数）を調査し、その平均値を示したものである（図表7−5）。

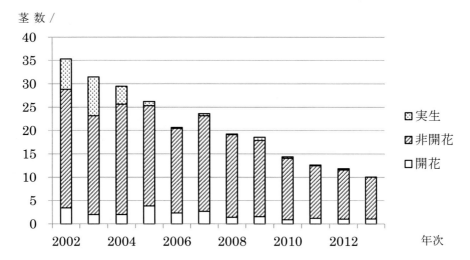

茎数／

図表7－5　鉄府保護区（1㎡）のレブンアツモリソウの個体数の推移

注. 森林総合研究所 河原孝行氏により提供いただき、土居・村山（2018）により報告した内容を
掲載している。

　その結果、減少傾向が示されている。開花数のみに注目した場合には増
減を繰り返しているようにも映るが、非開花の茎数は減少傾向で推移し、
世代更新を意味する大きさが 3mm に満たない小個体（実生）に至っては、
減少が著しいことが見て取れる。
　この結果では、僅か 12 年間でレブンアツモリソウの茎数は約 3 分の 1
以下にまで減少している。これを基準として 1ha あたり株数の推移を考察
したならば、図表 7－4 における北海道森林管理局の推計と筆者による同
修正推計の間に位置するところが、株数の推移であろうと考えることがで
きる。

第3項　増殖に向けた取組

　2013－2015 年の北海道森林管理局の調査においては、鉄府保護区周辺
における生育数（総茎数）の推定と併せて、どのような植生タイプにレブ
ンアツモリソウが生育しているのかを調査した。植生タイプは裸地、短茎
草本群落、高茎草本（疎）群落、高茎草本（密）群落、ササ群落、低木群

落の6種類に区分し、植生タイプごとにレブンアツモリソウが自生している割合を求めた（図表7−6）。

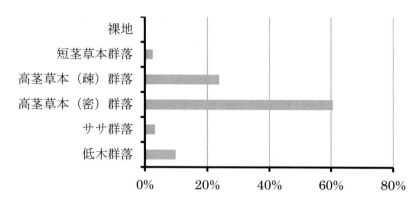

図表7−6　レブンアツモリソウの植生タイプ別の生育状況

注. 土居・村山（2018）により報告した内容を引用している。

その結果、全体の約60%が高茎草本（密）群落に生育しており、約25%が高茎草本（疎）群落に生育していることが判明した。本種の生育環境は表土の攪乱のあった適湿な土地で個体数を増やし、植生遷移の過程で高茎植物に被陰され地上から消滅していくことが推察されている（注4）。つまり、鉄府保護区周辺におけるレブンアツモリソウは、現在、地上から消滅する段階にあたり早急な対応が必要と考えられる。

この事態を受けて、レブンアツモリソウ生育環境の改善が試験的に行われる。その一つが鉄府保護区（環境省所管地）約0.46haにおけるササ及び高茎草本の刈払いである。2013年から2017年にかけ、毎年10月に試験地の刈払いを行い、翌年6月にレブンアツモリソウの出現本数を数え、その変動を記録した。その結果が図表7−7である。

図表 7－7　鉄府保護区刈払い試験におけるレブンアツモリソウ出現本数

調査年	2013 年	2014 年	2015 年	2016 年	2017 年
出現本数	20 本	24 本	34 本	51 本	96 本

注. 環境省北海道地方環境事務所により提供いただき、土居・村山（2018）により報告した内容
　を掲載している。なお、この鉄府保護区は環境省の所管地である。

　刈払いの実施によりレブンアツモリソウ出現数は年々増加することが
示された。これは環境が改善された証明であると言える。また、本試験で
新たに出現したレブンアツモリソウは、そのサイズから実生ではなく、生
育環境の悪化に伴い地中で休眠していたレブンアツモリソウが再び芽吹
いたものと考えられる。

　図表 7－7 の試験結果を受け 2016 年には礼文島南部における桃岩地区
でも同様に刈払い作業を行った。この場所もレブンアツモリソウが自生し
ていたことで知られている。そして、同箇所を 2017 年に調査した結果、
これまで出現していなかったレブンアツモリソウが 1 個体確認されている。
以上から、ササ及び高茎草本の刈払いは休眠しているレブンアツモリソウ
を再び出現させる上で有効な手段であると考えられる。

第4項　観光資源としてのレブンアツモリソウ

　礼文島観光に訪れる目的は様々であるが、その一つにレブアツモリソウ
鑑賞があることが知られている。そこでレブンアツモリソウはどれだけの
人に認知されているかについてアンケート調査を行った。本調査は 2018
年 6 月に礼文町産業課および礼文島観光協会の協力を得て礼文島に訪れた
観光客 546 名に対して、および、2018 年 11 月に株式会社マーシュに委託
のうえ観光客以外の 300 名を対象に実施した。

　図表 8－8 は観光客と観光客以外でレブンアツモリソウを認識している
人数の差を求めたものである。観光客は 67%（536 名中 360 名）がレブン
アツモリソウを認識しているのに対し、観光客以外はわずか 17%（300 名
中 50 名）しか認識していないことが分かった。なお、観光客の回答者数
の合計が 536 名とアンケート対象者数（546 名）と一致しない理由は、一

部未回答によるものである。

図表7−8　観光客および観光客以外のレブンアツモリソウ認識率の比較

	観光客	観光客以外	合計
認識している	360 名	50 名	410 名
認識していない	176 名	250 名	426 名
合計	536 名	300 名	836 名

　図表 7−8 について母比率の差を検定するため χ 二乗検定を行ったところ、χ 二乗値は 196.3 になり有意（p 値＜0.01）に棄却された。つまり、観光客と観光客以外ではレブンアツモリソウの認知度に差がある（観光客の方がレブンアツモリソウを認知している）ということが言える。もちろん、この背景には礼文島に来たことによりレブンアツモリソウを知ったということもあり得るが、レブンアツモリソウを認知している人が礼文島観光に訪れたと考える方が自然であろう。レブンアツモリソウの魅力を伝えることで、礼文島へ観光客を誘致することができると考えられる。
　また、レブンアツモリソウの開花数と観光客数には相関関係があるとした研究に鈴木弥来ほか（2019）がある。2002 年から 2013 年までの観光客数と推定されるレブンアツモリソウ出現数を関連付けることで下記の数式 4 を導いた。

$Y = 111.6 + 0.0175X$　　　　　　　　　　　　−（7−4）
　（3.4647）（2.9908）
$R^2 = 0.4721$

Y：観光客数（1000 人）
X：レブンアツモリソウ出現数
注．数式の括弧は t 値を示す。

　（7−4）式によると X（レブンアツモリソウ出現数）の符号がプラスで

あるため、レブンアツモリソウと観光客数は正の相関関係が見られた。ここでレブンアツモリソウ出現数による観光客数の増分Δを用いて示すと数式5になる。

$$\Delta Y = 0.0175 \Delta X \qquad\qquad -(7-5)$$

ΔX に 1 を代入する、つまり、レブンアツモリソウ出現数が 1 増えることにより、観光客が 17 人増えるという計算である。

レブンアツモリソウがどれだけ出現しているかは礼文島に来てみなければ分からないため、レブンアツモリソウ出現数が観光客数に影響を与えるという理論構成は無理があるとも考えられ、偶然の相関関係という見方もできよう。しかし、これが前年に礼文島を観光した人の感想（「レブンアツモリソウが沢山咲いていた」など）が当年度の観光客数に影響を与えていたのだとすれば、レブンアツモリソウ出現数は観光客数に影響を与えている可能性はある。

観光客 546 名および観光客以外の 300 名に対して、観光におけるレブンアツモリソウ鑑賞の重要性をアンケート調査した。具体的には「観光行程にレブンアツモリソウ鑑賞を取り入れたいかどうか」という質問である。なお、本アンケートは一部非回答があり、現実に回収できた回答は観光客 309 名、観光客以外 219 名であった。

その結果、観光客の 98%（309 名中 302 名）、観光客以外の 68%（219 名中 149 名）が「取り入れたい」と回答した（図表 7−9）。

図表 7−9　観光客および観光客以外のレブンアツモリソウ鑑賞への関心

	観光客	観光客以外	合計
取り入れたい	302 名	149 名	451 名
取り入れたくない	7 名	70 名	77 名
合計	309 名	219 名	528 名

ここで注目したいのは観光客の方が「取り入れたい」と回答する割合が

圧倒的に多いことである。母比率の差を検定するため χ 二乗検定を行ったところ、χ 二乗値は 90.75 になり有意（p 値＜0.01）に棄却された。つまり、観光客は観光客以外と比較してレブンアツモリソウ鑑賞に関心がある（観光の一部に取り入れたいと考えている）ことが窺われた。

　以上からレブンアツモリソウは礼文島の観光資源の一つであると考えることができる。礼文島に観光客を誘致するにあたっては、レブンアツモリソウの魅力を外部により広く伝えることが重要であると考えられる。

第3節　レブンアツモリソウにかかる法制度

第1項　絶滅危惧種（環境省レッドリスト）

　レブンアツモリソウは 2021 年現在、環境省レッドリスト（絶滅のおそれのある野生生物の種のリスト）の絶滅危惧 I B 類と位置づけられ絶滅危惧に指定されている。絶滅危惧種の定義は"現在の状態をもたらした圧迫要因が引き続き作用するならば、その存在は困難なもの"されており、環境省のレッドリストに絶滅危惧 I 類、絶滅危惧 I A 類、絶滅危惧 I B 類、絶滅危惧 II 類に指定された種を指す。

図表 7 − 10　環境省レッドリストにおける区分

名称	略称	定義
絶滅	EX	我が国ではすでに絶滅したと考えられる種
野生絶滅	EW	飼育・栽培下、あるいは自然分布域の明らかに外側で野生化した状態でのみ存続している種
絶滅危惧 I 類	CR ＋ EN	絶滅の危機に瀕している種
絶滅危惧 I A 類	CR	ごく近い将来における野生での絶滅の危険性が極めて高いもの

絶滅危惧ⅠB類	EN	ⅠA類ほどではないが、近い将来における野生での絶滅の危険性が高いもの
絶滅危惧Ⅱ類	VU	絶滅の危険が増大している種
準絶滅危惧	NT	現時点での絶滅危険度は小さいが、生息条件の変化によっては「絶滅危惧」に移行する可能性のある種
情報不足	DD	評価するだけの情報が不足している種
絶滅のおそれのある地域個体群	LP	地域的に孤立している個体群で、絶滅のおそれが高いもの

資料：環境省「レッドリスト」より引用。

　環境省レッドリストは世界自然保護NGOであるIUCN（国際自然保護連合）の評価基準に基づいて作成されている。リストは更新されるためカテゴライズには変化があるが、レブンアツモリソウは絶滅危惧ⅠB類（EN）の指定から変化ない。なお、略称はIUCNの表記に由来し、ENとはEndangered（絶滅危機）にあたる。また、環境省のほか北海道や自然保護協会のリストなどからも指定を受けている。

　具体的な保護上の規定としては絶滅のおそれのある野生動植物の種の保存に関する法律（種の保存法）（1992年）、国立公園法（1931年）の後身である自然公園法（1957年）、北海道文化財保護条例（1958年）における天然記念物指定がある。

第2項　種の保存法

　レブンアツモリソウは1994年に種の保存法における特定国内希少野生動植物種の指定を受けている。これはキタダケソウと並び植物では最も早い。環境省レッドリスト（植物）が公開されたのが1997年8月28日であ

るから、この時点では既に指定されていたことになる。この法律によりレブンアツモリソウの生きている個体を採取、損傷等を行った個人は5年以下の懲役、500万円以下の罰金刑が科せられる。なお、特定国内希少野生動植物種とは国内希少野生動植物種のうち、商業的に個体を繁殖させることが可能な種を指し、植物では現在7種のみが指定されている。商業的な個体繁殖が可能なため個々の取引は規制しないが、これらの販売等を業として行う者には都道府県と農林水産大臣への届出が義務づけられる。また、譲り受ける場合にも商業的に繁殖された個体であることの確認が求められる。種の保存法は、次に説明する自然公園法や天然記念物が特定の区域に行為制限をかけているのに対し、レブンアツモリソウという種に対する行為を制限している。そのため、自然公園法上の国立公園や天然記念物に指定されていない区域であっても行為を規制することができる。

第3項　自然公園法の国立公園

　礼文島は利尻礼文サロベツ国立公園（24166ha）の一角に含まれている。現在の利尻礼文サロベツ国立公園は1965年に国定公園として指定され、その9年後の1974年に国立公園に再指定されている。礼文島の約6割が自然公園法の指定する国立公園であり、レブンアツモリソウのほぼ全ては国立公園内に自生している。国立公園は特別保護地区、第1種特別地域、第2種特別地域、第3種特別地域、普通地域、海中公園地区に区分されるが、そのうち特別保護地区、第1種特別地域、第2種特別地域、第3種特別地域では、指定植物の採取や損傷には許可申請を必要とする。さらに特別保護地区では、落ち葉等も含む全ての植物の採取や損傷に許可申請を必要とし、学術研究等以外で許可が下りることは希である。

第4項　北海道文化財保護条例の天然記念物

　2019年現在、レブンアツモリソウは天然記念物に指定されておらず、本種が多く自生するレブンアツモリソウ群生地（14.3ha）と礼文島桃岩付近一帯の野生植物（129.9ha）の区域が北海道の天然記念物に指定されている。なお、文化財保護条例による天然記念物の指定には国指定と北海道指定が

あるが、どちらとも北海道の指定である。

礼文島桃岩付近一帯の野生植物についての指定は 1959 年（昭和 34 年）と最も早く、国定公園に指定されるよりも前である。ただ、指定台帳ではレブンソウやレブンキンバイソウ等の"レブン"の名を冠する植物保護を掲げているにも関わらず、レブンアツモリソウの名は登場しない。詳細は後述するがレブンアツモリソウが貴重な花と認識されたのは 1980 年代頃からであり、それまでは凡庸な花と認識されていたのかもしれない。

　レブンアツモリソウ群生地が指定された背景には、レブンアツモリソウ保護という明確な目的があった。1970 年代に起こった蘭ブームを契機にレブンアツモリソウの盗掘が目立つようになる。少し遅れる 1980 年代から本種保護に対する意識も高まり、その手段として天然記念物の指定を考えた。まずは礼文町の天然記念物に指定するため、町は 1984 年 3 月 12 日に礼文町文化財保護条例を制定する。そして、同年 10 月 1 日にレブンアツモリソウ群生地を礼文町天然記念物に指定した。しかし、それでも盗掘に歯止めがかからず、1987 年 2 月に礼文町は北海道へ天然記念物指定を要請する。そして、1994 年 6 月 3 日に現在の北海道文化財保護条例の天然記念物に指定される。これにより、指定された地区の現状を変更、保存に悪影響を及ぼす行為を加える際は北海道教育委員会の許可が必要になる。

第 4 節　レブンアツモリソウの経済価値と盗掘

　今でこそ絶滅が危惧されるレブンアツモリソウだが、その希少性が認識されたのは 1980 年代に入ってからである。北海道教育大学の谷口弘一氏らが生息数を調査し、保護の必要性を訴えた。1921 年頃、レブンアツモリソウは地元では"ヘンキ花"と呼ばれ、山一面が白く見えるほど開花していた。しかし、1982 年には島内でわずか 2000 本しか開花していなかった。

　聞き取り調査の過程でレブンアツモリソウの売買価格に関する情報を得ることがあった。しかし、そこでの数値は 1 株あたり 2 万円から 7 万円と幅の広いものであった。1980 年代から 1990 年代、一部の新聞記事では

レブンアツモリソウの売買価格に触れていた。それらをまとめたものが図表7−11である。

図表7−11　レブンアツモリソウの売買価格（新聞紙面掲載）

年月日	掲載新聞	紙面見出し	価格
1991年6月4日	朝日新聞	レブンアツモリソウの国の天然記念物指定を訴える　谷口弘一さん	2〜3万円/本（株でなく本）
1989年4月14日	読売新聞	盗掘犯、町幹部の影	2万円前後/株
1987年9月21日	読売新聞	道都で公然と売買「マニアが当該培養と」	1万8000円/株（加えて、芽の数ごとに1万8000円を乗じた金額）
1987年6月24日	朝日新聞	レブンアツモリソウ大量盗掘　201株328本ごっそり	1〜3万円/株
1986年6月30日	北海道新聞	依然、絶滅の危機いまや"天敵"は人間	1〜2万円/株
1983年9月23日	日刊宗谷	社説　高山植物の保護	5000〜1万円/株

資料：読売新聞、朝日新聞、北海道新聞、日刊宗谷掲載記事より抜粋。

　これら新聞記事から考察すると1株あたり2万円前後で取引されていたと考えることができる。

　1980年代から1990年代の初頭にかけては、レブンアツモリソウの保護・盗掘のニュースがせわしなく伝えられた。例えば、多いときには一度に200株以上が盗掘される事件（1987年6月）も発生した。保護活動が実りを挙げたと報じれば、盗掘が発生する状況が続く。1982年に2000本しか開花しなかったレブンアツモリソウは、4年後の1986年には2倍の

4000 本が開花し、"危機脱出"の文字が大きく新聞記事に取り上げられた。これは保護活動の意義を証明すると同時に、1980 年代までいかに多くのレブンアツモリソウが盗掘されていたのかを伝えた。保護の意識が高まり、それによりレブンアツモリソウ取引価格は上昇し、盗掘も発生したが、それでもなお保護活動に意義はあったと言える。

　1990 年代まで大規模な盗掘が発生していたとされるが、その後、環境省、林野庁、礼文町、高山植物保護対策協議会（1983 年発足）、その他多くの関係者が協力して監視活動を続けた結果、大規模な盗掘はほとんど見られなくなっている。

図表 7－12　盗掘被害数の推移

期間（年）	盗掘個体数（株数）
1981－1990	2006
1990－2000	29
2001－2010	0
2010－2017	4

資料：土居・村山（2018）より引用。

　図表 7－12 はレブンアツモリソウ盗掘発生件数の推移である。これまで記録されてきた件数を統計して公表したものである。

　礼文島には花を大事にする文化があり、庭先に植物を採ってきて植える行為は長く行われてきた。それに比べて、レブンアツモリソウが保護されるようになったのは最近のことである。残念ながら全ての者に植物保護の重要性を認識させるには、まだ時間がかかるのかも知れない。

　これら意見を受け、礼文島在住者でレブンアツモリソウを含む高山植物に関心のある 13 名に質問票により意見聴取した。実施期間は 2018 年 9 月である。質問票は 1970 年代以前とそれ以降は 5 年刻みの年毎に「盗掘はあったと思う」「盗掘はなかったと思う」「分からない」からの択一方式を用いた。各年代のうち「分からない」を有効回答から外し、「盗掘はあったと思う」と回答した者の割合を調査した。その結果が図表 8－13 である。

図表7－13　　盗掘発生にかかる認識調査（調査年月：2018年9月）

年代	「盗掘はあったと思う」と回答した者の割合
－1979年	100％
1980－1984年	100％
1985－1989年	100％
1990－1994年	75％
1995－1999年	80％
2000－2004年	75％
2005－2009年	63％
2010－2014年	67％
2015－2018年	67％

　1989年までは調査対象者の100％が「盗掘はあった」と考えていた。一方、行政上の数値では1990年以降から現在までの盗掘個体数はわずか33であり「盗掘はほとんど発生していない」と考えるのに対して、調査対象者の過半数が「依然として盗掘は続いている」と考えているのが分かった。

　本質問と併せて、盗掘される要因と盗掘防止策について自由回答にて意見を求めた。盗掘される要因としては、高山植物（レブンアツモリソウ）に売買価値があるから、希少価値があり欲してしまうから、花泥棒を風流と考える日本文化があるからなどの意見が多かった（図表8－6）。盗掘防止策としては、難しいとする意見が多いなか、入山の制限、監視の強化（監視カメラ設置、勤務時間外の監視）のほか、レブンアツモリソウを一般的な花にしてしまう等の意見がある。

　レブンアツモリソウが盗掘される要因について、自由記述の内容を3種類にカテゴライズした結果が図表7－14である。

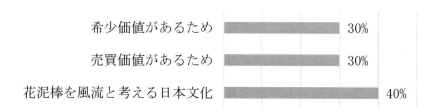

希少価値があるため　30%

売買価値があるため　30%

花泥棒を風流と考える日本文化　40%

図表 7−14　レブンアツモリソウが盗掘される要因について

　アンケート結果をカテゴライズした結果、花泥棒を風流とする日本文化
があるため（40%）、売買価値が高いため（30%）、希少価値があるため（30%）
になった。これらの要因を明確に区分することは難しい。例えば、希少価
値と売買価値には繋がりがあるし、一人の者が複数のキーワードを挙げて
いる場合もあることに留意されたい。
　同様に盗掘の防止策としてどのようなことが考えられるかを質問した。
その回答（自由記述）から内容を抽出し 5 つにカテゴライズしたものが図
表 8−15 である。
　監視の強化（監視カメラの設置（27%）、時間外パトロールの実施（27%））
の提案が多く、続いてレブンアツモリソウ自生地への入山を制限する
（9%）、レブンアツモリソウを増殖して希少性をなくす（9%）という回答
が続いた。一方、防止策なしを含めたその他の回答もあった（27%）。これ
らの意見を参考に改めて盗掘対策を考え、斬新な手段を講じる必要があろ
う。

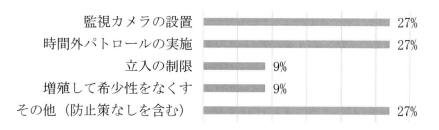

監視カメラの設置　27%
時間外パトロールの実施　27%
立入の制限　9%
増殖して希少性をなくす　9%
その他（防止策なしを含む）　27%

図表 7−15　レブンアツモリソウの盗掘防止策の提案

第5節　レブンアツモリソウの保護・保全への歴史

　2019年現在、レブンアツモリソウは多くの者から関心を受け、環境省、農林水産省（林野庁）、北海道庁、礼文町などの多くの行政機関や研究者が保護・増殖に携わっている。一体、どのような経緯から今のような管理体制が確立したのであろう。また、レブンアツモリソウは世間にどのように報道され、社会はどのようにレブンアツモリソウを認識しているのであろう。これを考察するにあたり、レブンアツモリソウの希少性が明るみになった1980年頃から現在の管理体制の原形が作られた1991年頃までの新聞記事を取集し、情報を時系列で整理した。

　当時の新聞記事は社会に与える影響も大きかったので、新聞社・掲載日のほか見出しに書かれていた文言を載せている。なお、1991年以降、レブンアツモリソウが新聞記事に掲載される機会は少なくなる。現在、レブンアツモリソウの名は多くの者が知るものの、新聞記事に取り上げられる機会はほとんどない。これはレブンアツモリソウの保護・保全が一般的になり始めた表れと筆者は考えている。

図表7－16　レブンアツモリソウの歴史（時系列）

年月日	概要
1925年	工藤祐舜がレブンアツモリソウ発見する（当事は"ヘンキ花"と呼ばれていた）。
1932年	宮部金吾・工藤祐舜がアツモリソウの変種と改訂する。
1966年頃	礼文島の山肌はレブンアツモリソウで真っ白だった。
1975年頃	"ランブーム"によりラン科植物の観賞価値が高まる。
1976年頃	レブンアツモリソウの盗掘が目立ち始める。
1982年秋頃	"ランブーム"の影響により、北海道内外

	でレブンアツモリソウが取引される。礼文島内の者が売買の手引きをするほか、数百株単位の大盗掘も発生する。
1983 年 4 月 20 日頃	レブンアツモリソウ 100 株以上が盗掘される事件が発生する。
1983 年 5 月 25 日	日刊宗谷が紙面で「可れんなレブンアツモリソウ絶滅寸前の危機に　地元住民が関連か」と掲載する。（当時はレブンアツモリソウでなく"レブンアッモリソウ"と記載される。）
1983 年 9 月 21 日	日刊宗谷が紙面で「保護対策協（仮称）設置－滅びゆく資源を守る」と掲載する。
1983 年 9 月 23 日	日刊宗谷が「社説　高山植物の保護」および「宗谷ほうき」の紙面にてレブンアツモリソウを取り上げる。本記事では札幌方面ではレブンアツモリソウが 1 株 5 千円から 1 万円で取引されていると掲載する。また、盗掘跡が残ることから「花泥棒と風流が違う」との意見を併せて記載している。
1983 年 6 月 7－15 日	谷口弘一助教授（北海道教育大学）らが礼文島北部に自生するレブンアツモリソウ生息数を調査する。「島内生育地の 90%をカバーした調査である」と発言する。調査の結果は開花 1972 株、非開花 1133 株、背丈 10cm 以下が 971 株であり、赤信号と言われる 1 万株を大きく下回っていた。
1983 年 9 月 21 日	礼文町定例会で周囲約 1 km の防護柵の

	設置を決定する。また、1985 年までにレブンアツモリソウを天然記念物化するという目標を立てる。同定例会で、民間人を中心とした「レブンアツモリソウを守る会（仮称）」、行政機関を中心とした「レブンアツモリソウ保護対策協議会（仮称）」の設置を検討する。
1983 年 9 月 23 日	北海道新聞が紙面で「レブンアツモリソウ初の学術調査－開花たった 2000 株足らず」と掲載する。
1983 年 10 月 19 日	北海道新聞が紙面で「盗掘に泣くレブンアツモリソウ　ついに有刺鉄線」と掲載する。なお、杭の木材は道北の木材会社（天塩川木材工業・三津橋木材産業・三箇産業・豊島林業）がカラマツの間伐材 1000 本を無償提供した。工事は 1983 年 9 月 25 日から 10 月 10 日にかけて行われ、総工費は 110 万円であった。この記事には、1984 年には柵内に遊歩道を設置する考えがあることや、来月中旬には「レブンアツモリソウ保護対策協議会（仮称)」の設置が予定されていると記載されている。
1983 年 12 月 15 日	高山植物保護対策協議会（仮称）設立会が開催される。参加メンバーは、稚内営林署、警察署、国立公園館仕事務所、森林愛護組合、観光協会、商工会などであった。
1983 年 12 月 16 日	北海道新聞の紙面「保護、島ぐるみで－礼文の高山植物対策協議会が発足」にお

	いて、レブンアツモリソウが1株1万円以上で取引されていることや、レブンアツモリソウを天然記念物にするために今年度中に礼文町文化財保護条例を制定する予定などが記載される。
1984年2月14日	北海道新聞が紙面で「監視員一人増員へ 高山植物盗掘防止を強化」と掲載する。1984年度に行われた高山植物保護対策協議会の役員会により監視員が一人から二人に増員することが決定された。また、盗掘防止を呼びかけるステッカーを全世帯に配布するほか、バスやフェリーで高山植物保護についての啓発テープを流す内容が決定される。
1984年3月12日	礼文町文化財保護条例が制定される。
1984年4月12日	礼文島高山植物保護対策協議会が開催される。
1984年6月1日	礼文町文化財保護条例第4条に即して礼文町文化財保護委員会が設置される。
1984年6月18日	北海道新聞が紙面で「今度はウルップソウ 礼文 盗掘横行、絶滅の危機」と掲載する。
1984年6月21日	日刊宗谷が紙面で「いま、復活のとき 無菌培養に成功」と掲載する。また、実生からレブンアツモリソウを培養すると3年かかるが無菌培養ならば1年で苗ができ2年目で花が咲くことが紹介され、高山植物の培養センター建設を急ぐ旨が記載されている。

1984 年 6 月 21 日	北海道新聞の紙面において「高山植物培養所を建設　保護・育成を目指す」のなかで、1985 年度を目処に培養センターを建設することを紹介している。1、2 年間試験的に培養した後には特産品として商品化することも検討していると併せて記載している。
1984 年 6 月 14 日	礼文町文化財保護条例第 5 条にかかる礼文町文化財指定諮問がレブンアツモリソウ群生地（14ha）にて行われる。
1984 年 9 月 22 日	礼文町文化財指定答申がある。
1984 年 10 月 1 日	「レブンアツモリソウ群生地」が礼文町文化財に指定される。種目は天然記念物、面積は 14ha（大蔵省（4.5ha）、林野庁（9.6ha））である。
1985 年 5 月 4 日	礼文島高山植物保護対策協議会役員会が開催される。
1985 年 6 月	谷口弘一助教授（北海道教育大学）および北海道野の花を考える会のメンバーらにより人工授粉作業が　レブンアツモリソウ 300 個体に対して行われる。
1985 年 9 月	谷口弘一助教授（北海道教育大学）および北海道野の花を考える会のメンバーらによる人工授粉調査の結果、240 個体が種を持ったと報告される。なお、自然に任せていた 30 個体については一つも種を持たなかった。
1986 年 6 月 10 日	谷口弘一助教授（北海道教育大学）らによる生育数の調査が行われる。その結

	果、1982 年に約 2000 株だったレブンアツモリソウは 1986 年には約 4000 株に増えていたことが分かる
1986 年 6 月 18 日	北海道新聞が紙面で「危機脱出　レブンアツモリソウ 4 年前の 2 倍に」と掲載する。
1986 年 6 月 19−20 日	1986 年 6 月 19 日夜中から 20 日早朝にかけて、約 80 株のレブンアツモリソウが盗掘される。当時の闇値格は 1 株約 2 万円から 3 万円であった。
1986 年 6 月 25 日	日刊宗谷が紙面で「レブンアツモリソウごっそり盗掘　町で徹底的に調査」と掲載し、併せて来月中旬に高山植物培養センターがオープンする旨を紹介する。礼文町が盗掘者についての調査を開始するとも記載されている。
1986 年 6 月 30 日	北海道新聞が紙面で「依然、絶滅の危機いまや"天敵"は人間」と掲載する。レブンアツモリソウには闇販売ルートが存在し、1 株 1 万円から 2 万円で取引されていると説明する。ただ、他の土地では 1 年目は花を咲かせるものの 2 年目には花を咲かせないことを強調している。
1986 年 7 月 1 日	日刊宗谷が社説で「自然は国民の共有財産」を掲載する。
1986 年 12 月 9 日	礼文町文化財保護委員会議（北海道文化財指定申請諮問）が開催される。
1986 年 12 月 13 日	北海道文化財指定申請の答申を受ける。
1987 年 1 月 28 日	礼文町が北海道教育委員会に対して北

	海道文化財指定申請の事前協議を行う。
1987 年 2 月	北海道教育委員会に対して天然記念物指定の要請を行う。
1987 年 6 月 9 日	礼文町は北海道文化財指定に係る現地調査の審議員の派遣を依頼する。
1987 年 6 月 10－12 日	沼田真名誉教授（千葉大名）らによる人工授粉作業が行われる。
1987 年 6 月 13 日	北海道新聞が紙面で「レブンアツモリソウ保護運動実り　回復の兆し」と掲載する。1986 年に 4000 株だったレブンアツモリソウは、さらに 2 倍の 8000 株に増えていたことが報告される。特に 10ｃm ほどの小さな個体が多かったようである。子どもたちに保護の重要性を伝える環境教育の必要性に触れる。
1987 年 6 月 7－11 日	1987 年 6 月 7 日夜中から 11 日早朝にかけて、200 株もの大量盗掘が発生する。
1987 年 6 月 19 日	礼文町文化財保護委員会議が開催される。
1987 年 6 月 20 日	北海道新聞「後を絶たない盗掘　道の天然記念物指定に期待」と掲載する。
1987 年 6 月 21 日	北海道天然記念物指定にかかる現地調査のため北海道文化財指定審議員（伊藤浩司（北海道大学）、大宗久（北海道文化財係長））が礼文町に来訪する。
1987 年 6 月 23 日	礼文町職員が鉄府地区の国有林内で 200 株もの大量盗掘跡を発見する。
1987 年 6 月 24 日	朝日新聞が紙面に「レブンアツモリソウ大量盗掘　201 株 328 本ごっそり」と掲

	載する。この当時の闇値は 1 株 1 万円から 3 万円である。また、1985 年にも約 100 株が盗掘された可能性ある旨を紹介している。
1987 年 6 月 25 日	北海道新聞が紙面で「天然記念物・レブンアツモリソウ　二百株盗まれる」と掲載する。盗掘跡について詳細に記載されていた。レブンアツモリソウ群生地の約 3500 ㎡にわたりシャベルで 1 株ずつ掘り起こした跡と足跡が残っていた。道路から見にくい群生地を 100 メートルほど奥（有刺鉄線の内側）に入った箇所を狙っていたと説明している。
1987 年 7 月 15 日	日刊宗谷が紙面で「アツモリ悲し　春から盗掘続く　狙われる礼文の高山植物」と掲載する。
1987 年 7 月 17 日	日刊宗谷が社説で「自然は国民の共有財産」と掲載する。
1987 年 9 月 21 日	読売新聞が紙面「道都で公然と売買「マニアが当該培養と」」のなかでレブンアツモリソウの販売方法が説明されている。レブンアツモリソウ販売店は市内の会社員から 1 株 18000 円で 10 株程度を購入したらしい。その市内の者は 1 株 18000 円で販売するほか、複数の芽を持つ株につては芽の数に 18000 円を掛けた金額で販売していた。また、約 100 株のレブンアツモリソウを所有し、独学で培養技術を学んだ者は園芸店に 15000 円で卸しているという。ただし、礼文島

	の外で育成したとして、せいぜい3年しか生きないことを強調している。
1987年11月20日	礼文島高山植物保護対策協議会が開催される。(同じ会議が1987年12月10日に開催されたとする記録も残っており月日は不明である。)
1987年12月11日	礼文町長が国有林(レブンアツモリソウ群生地)を買収する考えについて明らかにする。併せて、 レブンアツモリソウの開花時期である5月から6月の期間は徹夜を含む監視体制を整備するほか、高山植物保護条例に罰則を設けることを検討していると発言する。
1987年12月12日	北海道新聞が紙面で「守れ!礼文の花を 照明塔を新設へ 開花期に徹夜で監視」と掲載する。
1987年12月16日	北海道新聞が紙面で「保護条例制定に期待 盗掘されるレブンアツモリソウ」と掲載する。1986年に制定された山梨県の高山植物保護条例をモデルにレブンアツモリソウの保護を考える。森林法や自然公園法の場合、現行犯でないと検挙できないが、条例ならば売買も規制できるからである。ただし、礼文町単独の制定だと島外に出てしまっては意味が無いため北海道にも検討してもらいたい旨と、制定を早めてほしい旨が記載されている。
1988年4月5日	礼文島高山植物保護対策協議会監視員等打合会議が開催される。

1988 年 4 月 15 日	1988 年度アツモリソウ群生地監視等関係者会議が開催される。
1988 年 5 月	レブンアツモリソウ群生地の整備工事が行われる。有刺鉄線を木柵にすると同時に遊歩道の手すりも更新する。工事費は 300 万円である。
1988 年 11 月 28 日	礼文島高山植物保護対策協議会監視員打合会議が開催される。
1989 年 3 月 1 日	礼文島高山植物保護対策協議会が開催される。
1989 年 4 月 14 日	読売新聞が紙面で「盗掘犯、町幹部の影」と掲載する。この時期にはレブンアツモリソウは 1 株 2 万円前後で取引されているらしい。また、この時期には"持っているものを山に返そう運動"も行われている。
1989 年 5 月 12 日	1989 年度アツモリソウ群生地監視等関係者会議が開催される。
1989 年 12 月 5 日	礼文島高山植物保護対策協議会監視員打合会議が開催される。
1990 年 4 月 27 日	礼文島高山植物保護対策協議会が開催される。
1990 年 5 月 10 日	1990 年度アツモリソウ群生地監視等関係者会議が開催される。
1990 年 12 月 6 日	礼文島高山植物保護対策協議会監視員打合会議が開催される。
1990 年 12 月 13 日	日刊宗谷が紙面で「全道規制を要望－礼文の高山植物監視員－　通信体制も不備　早急に解決策をさぐる」と掲載す

	る。仮に監視員が盗掘の現場を発見しても警察署や営林署への連絡手段がなかった。1990 年 4 月 15 日から 10 月 15 日の期間は盗掘がなかった旨も併せて記載している。
1990 年 12 月 13 日	日刊宗谷が社説で「礼文島の高山植物保護」を掲載する。
1991 年 2 月 4 日	日本科学教育学会「自然保護と環境教育を考える」のなかで、レブンアツモリソウを国の天然記念物に指定する案が出る。
1991 年 2 月 5 日	朝日新聞が紙面で「絶滅心配レブンアツモリソウ　国の天然記念物に」と掲載する。
1991 年 5 月 8 日	1991 年度アツモリソウ群生地監視等関係者会議が開催される。
1991 年 5 月 29 日	国の天然記念物に指定したい旨を知事へ提出する。
1991 年 5 月 30 日	北海道新聞が紙面で「レブンアツモリソウ　国の天然記念物に指定を　道教大教授ら要望書」と掲載する。
1991 年 6 月 4 日	朝日新聞が紙面で「レブンアツモリソウの国の天然記念物指定を訴える　谷口弘一さん」と掲載する。この記事のなかで、レブンアツモリソウが 1 本（1 株でなく）2 万円から 3 万円で取引されており、ときに暴力団の資金源になっているとも伝えられる。
1991 年 6 月 7 日	北海道新聞が紙面で「消える植物　復活

	へ 行政、住民一体で保護活動」と掲載する。
1991年6月9日	朝日新聞が紙面で「国の天然記念物指定へ 知事が働きかけへ 群生地初視察で意向表明 400を超す盗掘の跡も」と掲載する。
1991年6月11日	北海道新聞が紙面で「レブンアツモリソウ守れ 群生地で人工授粉」と掲載する。
1991年10月6日	日刊宗谷が紙面で「「絶滅」救った 促成培養に成功 礼文町のセンター貴重なレブンアツモリ」と掲載する。
1991年10月11日	北海道新聞が紙面で「成果上げる人工培養 今年早くも50本発芽」と掲載する。
1994年6月3日	レブンアツモリソウ群生地が"珍奇又は絶滅に瀕した植物の自生地"として北海道天然記念物に指定される。
1995年	ふるさと切手（北海道）にレブンアツモリソウが採用される。

資料：レブンアツモリソウにかかる行政資料，新聞記事，研究資料などから筆者が抜粋して整理した。

第6節　結び

　今やレブンアツモリソウは多くの方に認識され、礼文町の地域資源の一つになっている。近年、減少傾向で推移しているという見方が強く、行政や地域住民らが一体となり、その保護・保全に向き合っている。しかし、現在のような保護・保全の体制が構築された経緯には長い歴史がある。

　盗掘は許される行為ではないが、レブンアツモリソウが多くの人に欲しがられ、所有したいとされたことの顕れでもあろう。この美しいレブンア

ツモリソウを未来の世代に伝えていくため、より高い意識を持って希少植物の保護・保全を考えていく必要がある。

本稿はレブンアツモリソウがどのような植物であるか、どのような法的な保護が敷かれているか、また、どのような経緯があって地域一丸となり保護・保全に乗り出しているかについて端的に記述した。本稿をご覧になることでレブンアツモリソウに関心を持ち、さらには礼文島に足をお運びいただけることがあれば、筆者として何より幸甚である。

脚注

（注1）礼文森林事務所森林官（2019）「礼文の森から」No.131，宗谷森林管理署礼文森林事務所の記述から要約。

（注2）河原孝行（2014）「保全モデルとしてのレブンアツモリソウ」『絶滅危惧種の自生地復元のための注意ポイント－レブンアツモリソウの研究を例に－』森林総合研究所，pp.6－7.

（注3）杉浦直人（2014）「有性繁殖プロセスの重要性」『絶滅危惧種の自生地復元のための注意ポイント－レブンアツモリソウの研究を例に－』森林総合研究所，pp.22－24.

（注4）本モデルは森林総合研究所の河原孝行氏が考案された「レブンアツモリソウの植生遷移の中での出現・消失モデル」である。

参考文献

【書籍】

Theil.H（1980a）〝The System-wide approach to microeconomics″University of Chicago Press.

Theil.H(1980b)〝System-wide explorations in international economics, input-output analysis, and marketing research″North-Holland Publishing Company.

河原孝行, 北村系子, 八巻一成, 志村華子, 幸田泰則, 庄子康, 高橋英樹, 杉浦直人, 村山誠治（2014）『絶滅危惧種の自生地復元のための注意ポイント－レブンアツモリソウの研究を例に－』森林総合研究所

舘脇操（1934）『北見礼文島植物概説』北海道景勝地協会

水野勝之（1991）『ディビジア指数』創成社.

水野勝之（1992）『システム-ワイド・アプローチの理論と応用－計量経済モデルの新展開－』梓出版社.

水野勝之（1998）『経済指数の理論と適用－消費分析への経済指数の適用－』創成社.

水野勝之・土居拓務・安藤詩緒・井草剛・竹田英司（2019）『林業の計量経済分析』五絃舎.

水野勝之, 土居拓務（2021）『新行動経済学読本－地域活性化への行動経済学の活用–』明治大学出版会（丸善出版）.

【論文】

金子能呼（2009a）「切花の産地形成と構造的特徴--松本地域におけるカーネーション生産の事例分析」『地域総合研究』10，pp91-104.

金子能呼（2009b）「切花の消費用途別ニーズに関する考察」『松本大学研究紀要』第7巻，pp33-47.

鴨川武文・馬場正浩（2014）「農産物のブランド化 (柏田康史教授 坂本昭教授 半田拓也教授 柳さよ教授 退職記念号)」『福岡大学人文論叢』45（4），359-388.

河原孝行（2008）「特定国内希少野生動植物種の保全に関する提案－レブン

アツモリソウをモデルとした研究から−」『森林総合研究所』

河原孝行（2014）「保全モデルとしてのレブンアツモリソウ」『絶滅危惧種
　の自生地復元のための注意ポイント−レブンアツモリソウの研究を例
　に−』pp.6−7.

小松実紗子・松永慶子・李宙営・池井晴美・宋チョロン・日諸恵利・宮崎
　良文（2013）「バラ生花の視覚刺激が医療従事者にもたらす生理的・心
　理的リラックス効果」『日本生理人類学会誌』18（1），pp1-7.

塩口綾, 浜崎伸一（2007）「礼文島における高山植物保護の現状と課題」『平
　成18年度北の国・森林づくり技術交流発表集』

杉浦直人（2014）「有性繁殖プロセスの重要性」『絶滅危惧種の自生地復元
　のための注意ポイント−レブンアツモリソウの研究を例に−』pp.22−2
　4.

鈴木弥来, 新倉寿人, 宮本優輝（2019）「木のない森林づくりによる経済ロ
　ジック〜自然保護と観光効果〜」『平成30年度北の国・森林づくり技術
　交流発表集』

谷口弘一, 勝見允行, 中村恵一（2009）「礼文島のアツモリソウ属に関する
　研究」『國學院大學栃木短期大學紀要』

寺嶋正尚（2021）「改正卸売市場法の施行が花卉流通及び花卉卸売業に与
　える影響−インタビュー調査に基づく考察−」『経済貿易研究』No.47，p
　p63-81.

土居拓務, 水野勝之, 橋本周弥, 室岡修平（2020）「レブンアツモリソウ活
　用による礼文島活性化に関する考察」『情報コミュニケーション学会第1
　7回全国大会発表論文集』

土居拓務, 村山誠治（2018）「レブンアツモリソウ保護・増殖についての一
　考察」『平成29年度北の国・森林づくり技術交流発表集』

新里泰孝ほか（2021）「日中花き産業の課題と戦略」『富山大学紀要富山経
　済論集』第67巻1号，pp 41-69.

新里泰孝（2017）「オランダおよび中国，日本における 花き球根の生産と
　貿易のダイナミクス」『富大経済論集』第 63 巻第2号，pp.61-95.

梶原真二・勝谷範敏（2008）「バラのハイラック仕立て法における採花母

枝の長さが切り花本数および形質に及ぼす影響」『園芸学研究』7 (1)，47-50.

三浦正基（2020）「［経済最前線・ヒットに迫る］お花の定期便　定額で宅配　顧客層拡大＝長野」『読売新聞』2020 年 11 月 10 日（東京朝刊）記事，p.30.

水野勝之（1986）「技術進歩理論についての一考察－一般化残差理論と H. タイルのシステムーワイド・アプローチー」『北九州大学商経論集』第 2 1 巻，第 1 号，pp65-90.

水野勝之，井草剛，土居拓務，庵原幸恵（2020）「花き生産における全要素生産性ラチェット効果分析」『明治大学商学論叢』第 102 巻第 1 号，pp 43－52.

両角政彦（2013）「新潟県魚沼市におけるユリ切花のブランド化」『地理学評論 Series A』86 (4)，pp.354-376.

Doi.T, Mizuno.K, et al.（2020）"Economic Education for Korea-Japan F riendship: A Survey and Analysis of Differences in Awareness of Flo wers and Wood"Presentation of 2020 Winter Seminar of Korea Econ omic Education Association.

Garber, Peter M. (1989) "Tulipmania"Journal of Political Economy 97 (3)，pp535–60.

G.Igusa, K Mizuno ,Y. Morita（2019）「Marketing Considerations in the J apanese Flower Market」『松山大学論集』30 (6)，pp57-67.

Hall.R.E.（1990）"Inveriance Properties of Solow's Producthivity Residu al,"edited by Pete Dianmond,Grows/Producthivity/Unemployment, pp7 1-112.

Hall.R.E.（1998）"The Relation between Price and Marginal Cost in U. S. Industry."Journal of Political Economy, Vol.96, pp209-225.

KATSUSHI MIZUNO, GO IGUSA, TAKUMU DOI, TOMOYUKI HONDA, SA TOKI NAKAMURA（2020）「Potential Cooperation in Japan-Korea potte d Flower Market Expansion」，明治大学経済教育研究センターワーキングペーパー第 6 号，pp1－6.

Mizuno,K. Doi,T Omata,J Ando,H. G.Igusa (2016)〝Relation between Tota
l Factor Productivity and Utility〞Journal of Human Resource and Sust
ainability Studies, June2016, Vol.4 No.2, pp130-142.

Will Dunham (2020)〝Did Neanderthals bury their dead with flowers?
Iraq cave yields new clues〞RUETURS

【WEB サイト】

アニヴェセル株式会社「離婚率に影響も？！既婚男女 600 人に大調査！
「あなたは結婚式を挙げましたか？」」https://www.anniversaire.co.jp/b
rand/pr/soken1/report30/（閲覧日：2021 年 8 月 19 日）

インターネット花キューピット「実は奥が深い！？カーネーションの色別
の花言葉」https://www.i879.com/mother/column/05/（閲覧日：2020 年
8 月 16 日）

NHK 出版「みんなの趣味の園芸『カーネーション』」https://www.shumin
oengei.jp/m-pc/a-page_p_detail/target_plant_code-69（閲覧日：2020 年 8
月 16 日）

NHK 出版「みんなの趣味の園芸『バラ』」　https://www.shuminoengei.jp/
m-pc/a-page_p_detail/target_plant_code-1307（閲覧日：2020 年 8 月 16
日）

NHK 出版「みんなの趣味の園芸『トルコギキョウ』」https://www.shumin
oengei.jp/m-pc/a-page_p_detail/target_plant_code-338（閲覧日：2020 年
8 月 16 日）

NHK 出版「みんなの趣味の園芸『ガーベラ』」https://www.shuminoengei.
jp/m-pc/a-page_p_detail/target_plant_code-70（閲覧日：2020 年 8 月 16
日）

株式会社エイチームブライズ「結婚式をやりたくないと感じる理由 7 選！
やりたくない相手の説得方法」https://hana-yume.net/howto/no-weddin
g-ceremony/（閲覧日：2021 年 8 月 16 日）

株式会社太田花き花の生活研究所（2021）「基礎データとトレンドの変遷」
https://www.otalab.co.jp/trend（閲覧日：2021 年 12 月 30 日）

株式会社鎌倉新書「お葬式に関する全国調査（2013-2020年）」
　https://www.e-sogi.com/guide/30620/（閲覧日：2021年8月19日）

株式会社くらしの友「家族葬が選ばれる理由と注意点。人気の最旬スタイ
　ルとは？」https://www.kurashinotomo.jp/kurashinotomo/n03/（閲覧日：
　2020年8月16日）

株式会社ユニクエスト「【2020年最新】家族葬の費用相場やエンディング
　関連サービスに関する調査結果」https://www.osohshiki.jp/column/arti
　cle/880/（閲覧日：2020年8月16日）

　Key：雑学事典「キク」http://www.7key.jp/data/vegetation/menu_k/chry
　santhemum.html（閲覧日：2020年8月16日）

公益社団法人農林水産・食品産業技術振興協会「菊のルーツ」https://ww
　w.jataff.jp/kiku/（閲覧日：2020年8月16日）

寺脇拓（2009）「CVMの質問形式とWTPの計測」http://www.ritsumei.ac.
　jp/~ttt20009/classes/0910/CVM.pdf（閲覧日：2020年8月16日）

花言葉-由来「カーネーションの花言葉」https://hananokotoba.com/carnat
　ion/（閲覧日：2020年8月16日）

花言葉-由来「バラの花言葉」https://hananokotoba.com/bara/（閲覧日：
　2020年8月16日）

花言葉-由来「トルコキキョウの花言葉」https://hananokotoba.com/lisiant
　hus/（閲覧日：2020年8月16日）

花言葉-由来「ガーベラの花言葉」https://hananokotoba.com/gerbera/（閲
　覧日：2020年8月16日）

ミサワホーム総合研究所「新型コロナウイルス影響下における住まいの意
　識調査レポート」https://soken.misawa.co.jp/news/20200804/1604/（閲
　覧日：2021年9月3日）

LOVEGREEN「カーネーションの育て方｜植物図鑑」https://lovegreen.net/
　library/flower/p88877/（閲覧日：2020年8月16日）

GARDEN STORY「知りたい！ キクの種類や品種，それぞれの特徴と見分
　け方」https://gardenstory.jp/plants/33044（閲覧日：2020年8月16日）

National Geographic（2013）「墓地に花を飾った最古の例，イスラエル」h

ttps://natgeo.nikkeibp.co.jp/nng/article/news/14/8124/(閲覧日 2021 年
10 月 30 日)

【新聞記事】＊記事掲載年月日のみ記載
『朝日新聞』記事掲載年月日：1987 年 6 月 24 日、1991 年 2 月 5 日、19
　91 年 6 月 4 日、1991 年 6 月 9 日.
『読売新聞』記事掲載年月日：1987 年 9 月 21 日、1989 年 4 月 14 日.
『北海道新聞』記事掲載年月日：1983 年 9 月 23 日、1983 年 10 月 19 日、
　1983 年 12 月 16 日、1984 年 2 月 14 日、1984 年 6 月 18 日、1986 年 6
　月 18 日、1986 年 6 月 30 日、1986 年 7 月 1 日、1987 年 6 月 13 日、1
　987 年 6 月 20 日、1987 年 6 月 25 日、1987 年 12 月 12 日、1987 年 1
　2 月 16 日、1991 年 5 月 30 日、1991 年 6 月 7 日、1991 年 6 月 11 日、
　1991 年 10 月 11 日.
『日刊宗谷』記事掲載年月日：1983 年 5 月 25 日、1983 年 9 月 21 日、1
　983 年 9 月 23 日、1984 年 6 月 21 日、1986 年 6 月 25 日、1987 年 7 月
　15 日、1987 年 7 月 17 日、1990 年 12 月 13 日、1991 年 10 月 6 日

【行政資料】
環境省（2020）「レッドリスト（2020）」環境省ホームページ
環境省北海道地方環境事務所・林野庁北海道森林管理局・礼文町（2019）
　「レブンアツモリソウ保護増殖ロードマップ（概要版）」
厚生労働省（2020）「令和 2 年版　厚生労働白書－令和時代の社会保障と
　働き方を考える－」
内閣府「クールジャパン戦略について」https://www.cao.go.jp/cool_japan/
　about/about.html（閲覧日：2021 年 8 月 19 日）
農林水産省「花産業のマーケットでは何が起きているのか（参考）」https:
　//www.maff.go.jp/j/seisan/kaki/flower/pdf/2-1_zittaityousanokekka_2.p
　df（閲覧日：2021 年 8 月 19 日）
農林水産省（2021）「花きの現状について」https://www.mhlw.go.jp/stf/w
　p/hakusyo/kousei/19/backdata/01-01-08-02.html（閲覧日：2021 年 10

月 30）

農林水産省（2021）「『花いっぱいプロジェクト』の取組について」
　　https://www.maff.go.jp/j/seisan/kaki/flower/attach/pdf/index-96.pdf
　　（閲覧日：2021 年 10 月 30）

農林水産省（2021）「花いっぱいプロジェクト 2021」

農林水産省（2021）「花や緑の効用・家庭とオフィスへの導入状況に関す
　　る調査　調査報告書」

礼文森林事務所森林官（2018）「礼文の森から」No.126, No.132, No.136,
　　宗谷森林管理署礼文森林事務所

礼文森林事務所森林官（2019）「礼文の森から」No.131, No.137, 宗谷森
　　林管理署礼文森林事務所

礼文町高山植物保護対策協議会（1984）「昭和 59 年 4 月 12 日資料」, 礼
　　文町

礼文町高山植物保護対策協議会（1985）「昭和 60 年 5 月 4 日資料」, 礼文
　　町

礼文町高山植物保護対策協議会（1987）「昭和 62 年 11 月 20 日資料」, 礼
　　文町

礼文町（2019）「第 6 次 礼文町まちづくり総合計画『島の絆』"地域の結び
　　つきと支えあいによる島の更なる発展をめざして"」礼文町ホームページ

【法令】

「レッドリスト（2020）」（環境省）

「自然公園法」（昭和 32 年法律第 161 号）

「絶滅のおそれのある野生動植物の種の保存に関する法律」（平成 4 年法
　　律第 75 号）

「北海道文化財保護条例施行規則」（昭和 52 年 4 月 14 日教育委員会規則
　　第 12 号）

【統計データ】

経済産業省「特定サービス産業実態調査」

総務省「家計調査年報」
農林水産省「花木等生産状況調査」
農林水産省「花き生産出荷統計」
農林水産省「生産農業所得統計」

本書の各章は、主に以下の論文を基に加筆修正し、編集したものである。ただし、本書全体について、水野勝之、土居拓務、本田知之、井草剛が下記論文の内容を再構築し、統一などを図っている。

第1章

本田知之（2022）「花きの商品特性と産業構造の特徴～奢侈品奢侈品としての特性を失った花き～」、『明治大学経済教育研究センターワーキングペーパー』第13号，pp.1－16.

掲載 URL：https://0090d9ba-c89b-4268-b9ef-8733f85f7ca4.filesusr.com/ugd/ed047 e_e83fdf1b2ee14da389322670b17fdcbb.pdf（2023年2月10日閲覧）

第2章

水野勝之，井草剛，土居拓務，庵原幸恵（2020年3月）「花き生産における全要素生産性ラチェット効果分析」、『明大商学論叢』第102巻第1号，pp.43－52.

第3章

Go Igusa, Katsushi Mizuno, Yukie Morita（2019）"Marketing Considerations in the Japanese Flower Market,"『松山大学論集』第30巻第6号，pp.57-67.

第4章　＊以下の論文を水野が加筆修正した。

中村賢軌（2022）「5種の切り花を対象とした国内切り花市場の分析 －消費の5財モデルの活用－」、『商学研究論集』第57巻，pp.229－246.

第5章

KATSUSHI MIZUNO, GO IGUSA, TAKUMU DOI, TOMOYUKI HONDA, MIRAI SUZUKI, SATOKI NAKAMURA（2020）"Potential Cooperation in Japan-Korea Flower Market Expansion,"『明治大学経済教育研究センターワーキングペーパー』第6号，pp.1-7.

掲載 URL：https://0090d9ba-c89b-4268-b9ef-8733f85f7ca4.filesusr.com/ugd/ed047 e_fb23d13b4d5b45c6b5113b7cd0e40fea.pdf（2023年2月10日閲覧）

第 6 章

土居拓務（2022）「礼文島に咲くレブンアツモリソウの概要報告」，『明治大学経済教育研究センターワーキングペーパー』第 14 号，pp.1－14.
掲載 URL：https://0090d9ba-c89b-4268-b9ef-8733f85f7ca4.filesusr.com/ugd/ed047e_806b036eee444351b0dfb37c28639367.pdf（2023 年 2 月 10 日閲覧）

索引

［著者紹介］

■水野 勝之（みずの かつし）

　明治大学商学部教授。博士（商学）。早稲田大学大学院経済学研究科博士後期課程単位取得退学。経済教育学会会長。『新テキスト経済数学』中央経済社（共編著）、『林業の計量経済分析』五絃舎（共編著）、『防衛の計量経済分析』五絃舎（共編著）、その他多数。

■土居 拓務（どい たくむ）

　明治大学商学部兼任講師、同大学研究・知財戦略機構客員研究員。経済教育学会理事。行政書士試験合格。林業普及指導員（地域森林総合監理（フォレスター））。一社 Pine Grace 設立（2018 年）。『余剰分析の経済学』中央経済社（共編著）、『新行動経済学読本－地域活性化への行動経済学の活用－』丸善出版（共編著）など。

■本田 知之（ほんだ ともゆき）

　外務省在シアトル日本国総領事館領事（経済担当）。明治大学研究・知財戦略機構客員研究員。一社 Pine Grace 理事。岩手県住田町すみた大好き大使。林業普及指導員（地域森林総合監理（フォレスター））。京都大学農学部、同大学院農学研究科卒。「「ジブンゴト」としての行政イノベーション」、「The Great Lockdown"からの経済の立て直し〜グローバル視点 とローカル視点から〜」、「造林分野におけるイノベーション創出に向けた取組」など。

■井草 剛（いぐさ ごう）

　松山大学経済学部教授。博士（人間科学）。早稲田大学大学院人間科学研究科博士後期課程修了。経済教育学会理事。『新テキスト経済数学』中央経済社（共編著）、『林業の計量経済分析』五絃舎（共編著）、『防衛の計量経済分析』五絃舎（共編著）、「Changes in Annual Paid Vacation Behavior during the COVID-19 Pandemic」行動経済学 15 巻（単著）、「Reasons to Work in the Sex Industry during the Coronavirus Pandemic: The Untold Narratives of Women Working in the Sex Industry」西日本社会学会年報　19-20 合併号（単著）、その他多数。

■中村 賢軌（なかむら さとき）　明治大学大学院商学研究科博士後期課程在学。

■森田 幸恵（もりた ゆきえ）　明治大学研究・知財戦略機構客員研究員。

花きの計量経済分析

2023年5月20日　　初版発行

編著者

水野　勝之
土居　拓務
本田　知之
井草　剛

発行所　　株式会社　三惠社
〒462-0056 愛知県名古屋市北区中丸町2-24-1
TEL 052 (915) 5211
FAX 052 (915) 5019
URL http://www.sankeisha.com

ISBN978-4-86693-772-4